美食の街を訪ねて

スペイン&フランス バスク旅へ

最新版

金栗里香

——この本を手にしてくださったみなさまへ

はじめに

　人はなぜ旅に出たくなるのでしょう。日常から少し離れてリフレッシュしたい、未知の世界を知りたい、見たことがない風景をながめてみたい、よその国の人たちと言葉を交わしてみたい、新しい自分を発見したい——。そんな期待を込めて動き出すことが多いかもしれません。

　そして美しい景色やおいしい食事は、旅行や休暇を楽しむために大切な要素のひとつだと思います。世界には素敵な場所がたくさんありますが、近年バスクは「美食の街」として注目を集めています。

　私自身もはじめて訪れた町で、おいしい食事ができるレストランや快適に過ごせるカフェに出会うと、旅の満足度が一気に上がりいい思い出となります。この本ではバスクに興味を持っている方やこれからバスクを訪れる方がいちばん知りたいはずの「美食」情報や、そういう食文化を育んできた土地と人々のことなどをお伝えできればと思います。

　私の大切な友人がバスクを訪ねてくれたと想定して、旅を楽しんでもらえるように、バスクはこんなところなんですよと、隣で話しかけながら案内するような気持ちで書いています。長い旅をするように通して読んでいただいたり、日帰りで出かけるように部分的に読んでいただいたり、その日の気分でページを開いてもらえればと思いながら構成してみました。

　では、そろそろ出かけましょうか。どうぞご一緒に。

Contents

スペインバスクのグルメガイド

スペインバスク

フランスバスク

※本書掲載のデータは2024年1月現在のものです。店舗の移転、閉店、価格改定などにより実際と異なる場合があります
※営業時間や定休日は時期によってやや変動する場合があり、無休と掲載している店舗でもクリスマスや年末年始、一部の祝祭日は休業する場合があります。また、ギプスコア県内の飲食店は11月に2週間の休暇をとることが多いためご注意ください
※スペイン語、バスク語、フランス語のカタカナ表記は、現地の発音に近いと思われる表記にしています
※スペインバスクの各スポットの住所は、基本的にスペイン語で記載しています
※スペインバスクの町のMAPについて、通り名の名称がバスク語とスペイン語で全く異なる場合は、基本的に併記しています。かなり似た表記の場合、またスペースの都合上バスク語のみを記載しているところもありますのでご了承ください。なお現地では、通り名の標識がバスク語のみのところもあります
※本書掲載の電話番号はすべて現地の電話番号です。スペインの国番号は「34」、フランスの国番号は「33」です
※市場内など、店舗によっては撮影されることを好まないところもあります。店の人に事前に確認することをおすすめします
※店に入ったり、バス乗車時など、店員(運転手)がスペイン語で「Hola.(オラ)」、フランス語で「Bonjour.(ボンジュール)」とあいさつしてくれたら、真似して返しましょう(「Hello.(ハロー)」でもOK)

バスクってどんなところ？

　同じ文化と言語をもつひとつの地方が、ふたつの国にまたがっているバスク。美食の話題とともに、そのユニークさでも注目を集めています。スペイン語ではパイス・バスコ（País Vasco）、フランス語ではペイ・バスク（Pays Basque）、バスク語ではエウスカル・エリア（Euskal Herria）、またはエウスカディ（Euskadi）※と呼ばれています。アラバ県、ビスカヤ県、ギプスコア県、ナバラ州のスペイン領4つと、ラブール、低ナバラ、スールのフランス領3つの地域にわたり、全体の人口は約300万人。そのうち約80万人がバスク語を話すといわれています。バスク語は、ヨーロッパでもとくに古い言語のひとつで、この土地の人々の文化とアイデンティティーの基盤になっています。スペイン領では公用語として使われ、標識などは二言語で表記されています。

　ビスケー湾に面した海岸線が美しい「海バスク」と、ピレネー山脈につながる緑豊かな「山バスク」、その風光明媚な風景も大きな魅力です。一年中緑が絶えないのは、雨の多い土地柄のためで、バスク語でシリミリ（Sirimiri）と呼ばれる霧雨がよく降ります。冬は雨天や風の日が続きがちですが、冷え込みはそれほどきびしくなく、海沿いでは雪が降ることもめったにありません。夏は時々30度を超す日があるものの、比較的おだやかで過ごしやすい天気が続きます。夏時間のため日が暮れるのが夜10時近い時期もあり、遅くまで散策を楽しんだり、バル通りにくりだしてグルメなひとときを満喫する人たちで街はにぎわいます。

　はじめて来た人も、おいしい食べものとお酒をお供に、しばらく多くの人たちにまぎれてみると、異国情緒のなかにある不思議な親近感や、理屈ぬきの楽しさ、おもしろさをきっと感じることができるでしょう。

◎バスクMAP

San Juan de Gaztelugatxe
サン・ファン・デ・ガステルガチェ P.126

Bakio
バキオ

Aeropuerto de Bilbao
ビルバオ空港

Bilbao
ビルバオ P.94

Bizkaia
ビスカヤ県

Okondo
オコンド

Astobiza
アストビサ P.24

Izoria
イソリア

Izoria Baseria
イソリア・バセリア P.128

Valle Salado de Añana
バジェ・サラド・デ・アニャナ P.130

0　　20km
N

※現在では、エウスカディ（Euskadi）はアラバ県、ビスカヤ県、ギプスコア県からなるバスク自治州を指すことが多い。

イクリニャと呼ばれるバスク旗が並ぶ、祭り準備中のオンダリビアのマヨール通り（バスク語でナグシア通り）。

エグスキロレはバスク語で「太陽の花」の意。
魔除けとして玄関の軒先やドアに飾ってあ
ることが多い。

国境地帯の海岸線。
晴天時は手前スペ
インのオンダリビア
から、遠くフランスのビ
アリッツまで見えるこ
ともある。

Mar Cantábrico
カンタブリア海

Chocolates de Mendaro 🔯
チョコラテス・デ・
メンダーロ(工房) P.68

🛏 **Urresti**
ウレスティ P.179

Gernika-Lumo ゲルニカ・ルモ
🔯 **Itsasmendi**
イチャスメンディ P.24

Mendaro
メンダーロ

Eibar
エイバル

Estadio Municipal de Ipurua 🔯
エスタディオ・ムニシパル・
デ・イプルア P.101

Donostia / San Sebastián
ドノスティア／サン・セバスティアン P.30

Golfo de Vizcaya
ビスケー湾

Getaria
ゲタリア P.76

Zumaia
スマイア

Zarautz
サラウツ

Akelarе 🍴
アケラレ P.28

Talai Berri 🔯
タライ・ベリ P.22

Lasarte-Oria
ラサルテ・オリア

Martín Berasategui 🍴
マルティン・ベラサテギ P.28

Tolosa
トロサ

Ibarra
イバラ

Casa Julián 🍴
カサ・フリアン P.64

Hernani
エルナニ

Zelaia 🍴
セライア P.21

Gipuzkoa
ギプスコア県

Euskadi/País Vasco
バスク州

Estadio de Mendizorroza 🔯
エスタディオ・デ・メンディソロサ P.101

Vitoria-Gasteiz
ビトリア・ガステイス

Araba
アラバ県

Laguardia
ラグアルディア

Elciego
エルシエゴ

Rioja Alavesa
リオハ・アラベサ地区

🍴 **Mirador de Ulía**
ミラドール・デ・ウリア P.28

Biarritz
ビアリッツ P.147

Aéroport de Biarritz Pays Basque ✈
ビアリッツ・ペイ・バスク空港

Bayonne
バイヨンヌ P.154

Hondarribia
オンダリビア P.82

Hendaye
アンダイ

Ascain
アスカン

Saint-Jean-de-Luz
サン・ジャン・ド・リュズ P.132

Espelette
エスプレット P.166

La Rhune
ラ・ルーヌ山

Oiartzun
オイアルツン

Itxassou
イチャス P.170

Renteria
レンテリア

🔯 **Le Train de La Rhune**
ル・トラン・ド・ラ・ルーヌ P.146

Aeropuerto de San Sebastián
サン・セバスティアン空港

🍴 **Mugaritz**
ムガリッツ P.28

Saint-Étienne-de-Baïgorry
サン・テティエンヌ・ド・バイゴリー

Pierre Oteiza 🔯
ピエール・オテイザ P.174

Astigarraga
アスティガラガ

Aldudes
アルデュード

🍴 **Lizeaga**
リセアガ P.21

Navarra
ナバラ州

🔯 **Sagardoetxea**
サガルドエチェア P.20

🍴 **Petritegi**
ペトリテギ P.21

🍴 **Alorrenea**
アロルネアP.21

🍴 **Zapiain**
サピアインP.21

Pamplona
パンプローナ

バスク
フランス

バルセロナ

ポルトガル

マドリード

スペイン

【本書のMAPアイコン】🔯 見どころ&その他／🍴 バル／☕ カフェ／🍴 レストラン／🛍 ショップ／🛏 ホテル

かつてバスクでは、大事な決めごとや誓いは1本のオークの木の下で行われていた。バスクの人々にとって大切な自治権のシンボル「ゲルニカの木」は、ビスカヤ県ゲルニカにあるバスク議事堂のステンドグラスにも大きく描かれている。

スペインバスクのグルメガイド

バスク人の食へのこだわり

地元の人々が持つ食に対する情熱と高い意識がつくり上げたバスクの美食文化。海山の幸に恵まれ食材が豊かなこともありますが、とくにスペインバスクの食文化はまず日常の家族愛や仲間意識に支えられています。自宅または外で頻繁に行われる家族や友人たちとの食事会でなにを食べるか真剣に考えたり、食材を持ち寄って仲間たちと料理をつくり食事を楽しむ美食クラブ（P.27）の習慣があったり、村のお祭りで豪快に肉や魚を焼いてチャコリやシドラを酌み交わしたり——。そんなふうに、バスクの豊かな食文化は庶民の日々の生活が営まれる地域コミュニティのなかで形成され、発展していったものだと思います。

バスクの人たちはクァドリーリャと呼ばれる友人グループに属していることが多く、バルがその社交場になっています。そのグループでバルをはしごすることをチキテオまたはポテオ（P.45）といい、その際に軽くつまめるものとして生まれたのがピンチョスです。ピンチョスは、スライスしたバゲットに具をのせ、楊枝（ピンチョ）で刺してとめたおつまみのこと。近年は楊枝で刺していない小皿系料理も、バスクではまとめてピンチョスと呼ばれています（スペインのほかの地

バルに入ってみよう！

スペインバスクに来たら、なにはともあれバルめぐりへ。
お店に入ってから出るまでをご案内！

◎バルやレストランでのスペイン語会話はP.17へ

1 お店に入る

事前にチェックしておいた目当てのバルへ。店の外や入り口付近が混んでいても、すぐにあきらめないで！奥のほうは空いている場合もあるので、とりあえずなかへ入ってみよう。

カウンターへ行き、場所を確保 2

店内に入ったらカウンターに空きスペースがあるか確認を。バルは基本立食で、細長い店内に人がひしめき合っていることが多い。ピンチョスの小皿をおけないと食べづらいので、追加注文するにも支払いをするにも、店のスタッフにアピールしやすい場所を確保するのがポイント。

いらっしゃいませ！
おいしいチャコリ、ありますよ。

3 まずは飲みものを注文

カマレロ（ウエーター）に「Hola!（オラ！／こんにちは）」と最初のあいさつを交わすと、「¿Qué quiere tomar?（ケ・キエレ・トマール？／飲みものはなにがいいですか？）」と聞かれるので、飲みたいものを注文しよう。ここではピンチョスだけでいいという時は、注文しなくてもOK。ビールを少量飲めるZurito（スリート）は便利なサイズでおすすめ（飲みものリストはP.17へ）。

カウンターのピンチョスを物色 4

Pintxos Frios（ピンチョス・フリオス）は、カウンターにズラリと並んでいる調理済みのピンチョスのこと。なかにはあたため直してくれるものもある。食べたいものを選んでスタッフにとってもらう。店によってはPintxos Friosのメニューを見て選ぶところもある。

左から／日常生活のなかで培われてきたバル文化が美食の街を支えている。／年間を通して数多くの料理大会が開催され、自慢の腕をふるう。／料理学専門大学のバスク・クリナリー・センター。

方でのおつまみの総称はタパス）。

　そして1970年代以降、バスクの料理界では、食に対する飽くなき探求心をもった意欲あるシェフたちが、その成果としてミシュランの星を次々に獲得し、分子ガストロノミーに影響を受けた創作料理なども発案していきました。バスクのシェフたちは仲間同士でレシピや料理の知識を共有し、レベルの高い店が増加。おいしいものがたくさんある場所には自然と人が集まりま

す。世界各地から観光客が訪れ、バルやレストランで地元の人たちと同じように美食を楽しみ、多幸感にひたりました。そしてバスクの魅力が口コミで広がっていき、結果的にコミュニティ全体の活性化につながったのです。

　また飲食店と地域内の生産農家との連携や、世界でもめずらしい料理学専門の4年制大学の設置など、未来へと持続可能な環境づくりや人材育成に取り組みながら、バスクでは美食の街のシステム化をさらに進めています。

オーダーピンチョスに挑戦

5　Pintxos Calientes（ピンチョス・カリエンテス）は注文を受けてからつくる小皿系。ミニチュア創作料理並みの凝ったものを出す店もある。このあたたかいピンチョスこそ各店の名物ぞろいなのでぜひオーダーを！　店のおすすめはスペイン語で黒板メニューに書かれている。たまに英語や日本語のメニューを用意しているバルもあり、気が利くスタッフが出してくれるかも。まわりの人が食べているものや、本書に掲載されている写真を指さして注文してもOK。

会計

6　店が混んでいてスタッフをつかまえるのが大変そうな時は、ピンチョスを受け取る際に「La cuenta por favor.（ラ・クエンタ・ポル・ファボール／会計をお願いします。）」といって済ませてもいいけれど、バルの基本はまとめて後払い。バルでチップをおくのは義務ではない。とても気持ちのいい対応に感謝の気持ちを示したい場合は、小銭をいくらか残すといい。

店を出る

スペイン語で「さようなら」は「Adiós（アディオス）」のはずなのに、バルを出る人たちは違うことをいっていることに気がつくかも。普段はスペイン語だけ話して生活していても、立ち去る時は土地の言葉であるバスク語の「Agur（アグール）」を使う人が多い。もちろんアディオスでもOK。店を出入りする時は笑顔であいさつすると場がなごみ、バルめぐりがさらに楽しくなる！

もし

感じの悪いバルに入ってしまったら……

　せっかくバルめぐりを楽しみに来たのに、入ったバルが大混雑で、スタッフの接客もバタバタしていて、なんだかそっけなくてがっかり……。そんな時は、気分を切り替えてほかの店に移動しよう。本書で紹介している店で個人的に嫌な思いをしたことはないけれど、こちらでは接客業に従事していても「個人」の性格や資質がそのまま出てしまう人がいるのは否めない。当ったスタッフによって「いい店だった」「イマイチだった」と感想が分かれる場合も。まわり切れないほどたくさんのバルがあるので、きっとお気に入りの店が見つかるはず！

バルの定番ピンチョス&ラションメニュー

ピンチョスは、スライスしたバゲットの上に具をのせた
フィンガーフードや小皿系のミニ創作料理。
ラションはひと皿サイズ（2、3人分）の料理です。
それぞれぜひ食べておきたいメニューをご紹介※。

※同じ料理をピンチョ、メディア・ラション（ハーフポーション）、ラション（フルポーション）と量を変えて提供している店もあります。

Menú de pintxos
ピンチョスメニュー

Gilda
【ヒルダ】

オリーブ、アンチョビ、ギンディージャ（青トウガラシ）の酢漬けを串に刺した元祖ピンチョのヒルダ。たいていのバルにある。さわやかな酸味が胃を適度に刺激して食欲もわくので、バルめぐりの一品めにおすすめ。

Tortilla de patata
【トルティーリャ・デ・パタタ】

スペイン人、バスク人のソウルフードともいえるジャガイモのオムレツ。バスクのものはやわらかい半熟系が主流。ピーマン、タラ、アンチョアなどの具が入ったオムレツもあるのでぜひお試しを。

Menú de raciones
ラションメニュー

Calamares fritos
【カラマーレス・フリトス】

衣をつけて揚げたイカのフリット。外はサクサク、中身のイカはやわらかく仕上がっているのが良店の証。イカリングはCalamares a la romana（カラマーレス・ア・ラ・ロマナ）ともいう。

Pulpo a la gallega
【プルポ・ア・ラ・ガジェガ】

ゆでたタコにオリーブオイルと塩、パプリカをかけたタコのガリシア風。スペイン北西部ガリシア地方の料理で、同じく魚介類をよく食べるバスクでもポピュラーな一品。タコがとてもやわらかいのが特徴。

Anchoas en salazón
【アンチョアス・エン・サラソン】

アンチョビ。地元でアンチョアと呼ばれるカタクチイワ
シ科の魚の塩漬けを、オリーブオイルに漬けたもの。
ピンチョスのメイン素材として出てきたり、ピンチョス
の上にアクセントとしてのっていることも。

Boquerones en vinagre
【ボケロネス・エン・ビナグレ】

アンチョアを酢漬けにしたもので、ほどよい酸味が◎。
これとアンチョアス・エン・サラソンを組み合わせたピ
ンチョは、Matrimonio（マトリモニオ／夫婦）と呼ば
れ、ふたつの味を同時に堪能できる。

Bocadillo de jamón
【ボカディーリョ・デ・ハモン】

生ハムのミニボカディーリョ。スペインにいる間に絶
対食べてほしいのが本場のイベリコ豚生ハム。おいし
いものに目がないバスクの人たちも当然大好き。ミニ
バゲットやミニクロワッサンにはさんでカウンターに
積み上げてある。

Croquetas
【クロケッタス】

ミニクリームコロッケのこと。具は生ハム、ロースハム、
チーズ、キノコ、タラ、イカスミ、ホウレン草などバリエ
ーションが豊富。バスクらしいタラとイカスミのクロケ
ッタスはめずらしくておすすめ。

Surtido de ibéricos
【スルティド・デ・イベリコス】

イベリコ豚の生ハム、ロモ、サラミ、チョリソな
どを少量ずつすべて食べられるのがうれしい
盛り合わせ。バルによってはメディア・ラショ
ンでも頼める。

Guindillas fritas /
Pimientos de Gernika fritos
【ギンディージャス・フリタス／ピメントス・デ・ゲルニカ・フリトス】

ギンディージャ、ゲルニカのピーマンを素揚げして粗塩をふ
っただけなのに、食べだしたら止まらないおいしさ。ビールの
おつまみに最高！ とくに夏季は生のものがカウンターに山盛
りにおいてある。

バスク料理メニュー

バスクのバルや併設のレストランで食べられる基本的な料理をご紹介。
店のメニューでは、ラションは「あたたかいメニュー」と
「冷たいメニュー」で分けて書かれています。
スペイン語での食材名も覚えておけば、注文する時に役立ちます。

PINTxOS
ピンチョス

Tortilla de patata トルティーリャ・デ・パタタ ●ジャガイモのオムレツ

Tortilla de bacalao トルティーリャ・デ・バカラオ ●タラのオムレツ

Croquetas de jamón クロケッタス・デ・ハモン ●生ハムのコロッケ

Croquetas de hongos クロケッタス・デ・オンゴス ●キノコのコロッケ

Croquetas de bacalao クロケッタス・デ・バカラオ ●タラのコロッケ

Croquetas de txipiron クロケッタス・デ・チピロン ●イカスミのコロッケ

Brocheta de champiñón y bacon
ブロチェタ・デ・チャンピニオン・イ・ベーコン ●マッシュルームとベーコンの串焼き

Brocheta de rape y langostinos
ブロチェタ・デ・ラペ・イ・ランゴスティーノス ●アンコウとエビの串焼き

Brocheta de pato ブロチェタ・デ・パト ●鴨の串焼き

Brocheta de cordero ブロチェタ・デ・コルデロ ●子羊の串焼き

Alcachofas con jamón アルカチョファス・コン・ハモン ●アーティチョークと生ハム☆

Risotto de queso Idiazabal リゾット・デ・ケソ・イディアサバル ●イディアサバルチーズ※のリゾット☆

Pimientos rellenos de bacalao ピメントス・レジェノス・デ・バカラオ ●タラのピーマン詰め☆

Txangurro al horno チャングロ・アル・オルノ ●カニのオーブン焼き☆

(Txangurro a la Donostiarra チャングロ・ア・ラ・ドノスティアラ ●カニのサン・セバスティアン風)

Foie a la plancha フォア・ア・ラ・プランチャ ●フォアグラのソテー☆

Morcilla de arroz モルシージャ・デ・アロス ●豚の血と米入りソーセージ☆

Carrilleras de ternera en salsa カリレーリャス・デ・テルネラ・エン・サルサ ●牛頬肉の煮込み☆

Solomillo a la plancha ソロミーリョ・ア・ラ・プランチャ ●ヒレ肉のステーキ☆

Salpicón de bogavante サルピコン・デ・ボガバンテ ●ロブスターのマリネサラダ☆

Ensaladilla rusa エンサラディーリャ・ルサ ●ポテトツナサラダ☆

☆マークがついているメニューは、通常メディア・ラション、ラションでもオーダー可能

※ バスク固有の羊であるラチャ種とカランサナ種の羊乳でつくったチーズ

RACIONES CALIENTES
ラシオネス・カリエンテス

Hongos salteados オンゴス・サルテアドス ●キノコのソテー

Revuelto de hongos レブエルト・デ・オンゴス ●キノコのスクランブルエッグ

Caldo カルド ●コンソメスープ

Sopa de pescado ソパ・デ・ペスカド ●魚のスープ

Arroz con almejas アロス・コン・アルメハス ●アサリごはん

Anchoas fritas アンチョアス・フリータス ●アンチョアスの素揚げ

Bacalao al pil pil バカラオ・アル・ピルピル ●タラのピルピル（オリーブオイル煮）

Merluza en salsa verde メルルーサ・エン・サルサ・ベルデ ●メルルーサのグリーンソース煮

Rodaballo a la parilla ロダバージョ・ア・ラ・パリーリャ ●イシビラメの炭火焼き

Txipirones a la plancha チピロネス・ア・ラ・プランチャ ●小イカのソテー

Txipirones en su tinta チピロネス・エン・ス・ティンタ ●小イカのスミ煮

Chorizo a la sidra チョリソ・ア・ラ・シドラ ●チョリソのリンゴ酒煮

Albóndigas en salsa アルボンディガス・エン・サルサ ●ミートボール煮

Chuleta a la parilla チュレタ・ア・ラ・パリーリャ ●骨つきステーキの炭火焼き

Cordero asado (al horno) コルデロ・アサド（アル・オルノ）●子羊のロースト（オーブン焼き）

Cochinillo asado コチニーリョ・アサド ●子豚のロースト

RACIONES FRÍAS
ラシオネス・フリアス

Ensalada mixta エンサラダ・ミクスタ ●ミックスサラダ

Pate de foie パテ・デ・フォア ●フォアグラのパテ

Tabla (surtidos) de quesos タブラ（スルティドス）・デ・ケソス ●チーズの盛り合わせ

Tabla (surtidos) de Ibéricos

タブラ（スルティドス）・デ・イベリコス ●イベリコ豚生ハムなどの盛り合わせ

◎ 食材

Verduras 【野菜】
ベルドゥラス

Ajo 【アホ】 ニンニク

Aguacate 【アグアカテ】 アボカド

Alcachofa 【アルカチョファ】 アーティチョーク

Calabacín 【カラバシン】 ズッキーニ

Calabaza 【カラバサ】 カボチャ

Cebolla 【セボーヤ】 玉ネギ

Champiñon 【チャンピニオン】 マッシュルーム

Espárrago 【エスパラゴ】 アスパラガス

Guisante 【ギサンテ】 エンドウ豆

Hongo 【オンゴ】 キノコ

Lechuga 【レチュガ】 レタス

Maíz 【マイス】 トウモロコシ

Patata 【パタタ】 ジャガイモ

Perejil 【ペレヒル】 パセリ

Pimiento 【ピメント】 ピーマン

Puerro 【プエロ】 ポロ葱

Tomate 【トマテ】 トマト

Zanahoria 【サナオリア】 ニンジン

Carne 【肉】
カルネ

Cerdo 【セルド】 豚

Cochinillo 【コチニージョ】 子豚

Cordero 【コルデロ】 子羊

Pato 【パト】 鴨

Pollo 【ポヨ】 鶏

Ternera 【テルネラ】 子牛

Chuleta 【チュレタ】 骨つきステーキ肉

Chorizo 【チョリソ】 チョリソ

Morcilla 【モルシージャ】 豚の血入りソーセージ

Txistorra 【チストラ】 チストラソーセージ(P.18)

Frutas 【果物】
フルータス

Cereza 【セレサ】 サクランボ

Fresa 【フレサ】 イチゴ

Limon 【リモン】 レモン

Manzana 【マンサナ】 リンゴ

Naranja 【ナランハ】 オレンジ

Platano 【プラタノ】 バナナ

Pescado y Marisco 【魚介類】
ペスカド、マリスコ

Anchoa 【アンチョア】 カタクチイワシ科の魚

Atún 【アトゥン】 マグロ

Bacalao 【バカラオ】 タラ

Besugo 【ベスーゴ】 鯛の一種

Bogavante 【ボガバンテ】 ロブスター

Bonito 【ボニート】 カツオ

Calamar 【カラマール】 イカ

Erizo de mar 【エリソ・デ・マル】 ウニ

Gamba 【ガンバ】 エビ

Langostino 【ランゴスティーノ】 クルマエビ

Mejillones 【メヒリョネス】 ムール貝

Merluza 【メルルーサ】 メルルーサ

Navaja 【ナバハ】 マテ貝

Ostra 【オストラ】 牡蠣

Percebes 【ペルセベス】 亀の手

Pulpo 【プルポ】 タコ

Rodaballo 【ロダバージョ】 イシビラメ

Salmón 【サルモン】 サケ

Sardina 【サルディナ】 イワシ

Vieira 【ビエイラ】 ホタテ貝

Huevo 【ウエボ】 卵

◎ 調理方法

a la Plancha 【ア・ラ・プランチャ】鉄板焼き	*Brocheta de* 【ブロチェタ・デ】〜の串焼き
a la Parilla 【ア・ラ・バリーリャ】炭火焼き	*Gratinado de* 【グラティナド・デ】〜のグリル焼き
al Horno 【アル・オルノ】オーブン焼き	*Revuelto de* 【レブエルト・デ】〜のスクランブルエッグ
al Vapor 【アル・バポール】蒸し焼き、蒸し煮	*Salteado* 【サルテアド】ソテー
Asado 【アサード】ロースト	

バル＆レストランで使うスペイン語会話

Hola. 【オラ】こんにちは。

¿Está abierto?
【エスタ・アビエルト？】開いてますか？

¿Está cerrado?
【エスタ・セラード？】閉まってますか？

Tengo una reserva a nombre de 〜.
【テンゴ・ウナ・レセルバ・ア・ノンブレ・デ〜】〜の名前で予約しています。

¿Qué me recomiendas?
【ケ・メ・レコミエンダス】なにがおすすめですか？

〜por favor.
【〜ポル・ファボール】〜をください。 ──────→

¿Puedo ver la carta (el menú)?
【プエド・ベル・ラ・カルタ（エル・メヌー）？】メニューを見せてもらえますか？

¿Hay el menú en Ingles?
【アイ・エル・メヌー・エン・イングレス？】英語のメニューはありますか？

(muy) bueno (または*buena*)
【（ムイ）ブエノ（ブエナ）】（とても）おいしい

(muy) bien 【（ムイ）ビエン】（とても）いい
＊(very) goodの意味。気分や状態などをあらわす

Para llevar por favor.
【パラ・ジェバール・ポル・ファボール】持ち帰り用にしてください。

¿Dónde está el baño? 【ドンデ・エスタ・エル・バニョ？】──┐
または *¿Dónde está el servicio?* 【ドンデ・エスタ・エル・セルビシオ？】─┘ トイレはどこですか？

La cuenta por favor.
【ラ・クエンタ・ポル・ファボール】会計をお願いします。

Gracias. 【グラシアス】ありがとう。

Adiós. 【アディオス】さようなら。

◎ 飲みもの

Vino tinto
【ビノ・ティント】赤ワイン

Vino blanco
【ビノ・ブランコ】白ワイン

Vino de la casa
【ビノ・デ・ラ・カサ】ハウスワイン

Txakoli
【チャコリ】バスクの白ワイン

Sidra 【シドラ】リンゴ酒

Cerveza
【セルベッサ】ビール

Caña 【カニャ】生ビール

Zurito 【スリート】
ハーフサイズ
（100〜150ml）のビール

Agua 【アグア】水

Mosto
【モスト】ブドウジュース

バスク料理に欠かせない食材 10

バスクには鮮度も味も
抜群の地元ならではの
魅力的な食材がいっぱい。
なかでもぜひ
味わってほしいものがこちら。

1 Guisantes lágrima

【ギサンテス・ラグリマ】
涙豆

「緑のキャビア」とも呼ばれ、近年もっとも注目を浴びている高級食材。プチプチと口のなかで弾ける食感とみずみずしさは格別。旬は4月から6月中旬。

2 Pimientos de Gernika

【ピメントス・デ・ゲルニカ】
ゲルニカのピーマン

D.O.(原産地呼称)制度で認定されているピーマン。小ぶりな実は細身で甘味があり、オリーブオイルで素揚げにして粗塩をふって食べるのがベスト。

6 Txistorra

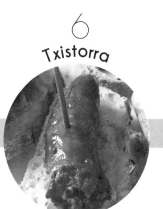

【チストラ】
チストラ

パプリカパウダーをきかせた細長いソーセージ。お祭りの時にはスライスしたパンにのせたり、トウモロコシの粉をのばして焼いたタロにくるんだりして食べる。

7 Piment d'Espelette

【ピモン・デスプレット】
エスプレットのトウガラシ

エスプレットと周辺地域で生産されるトウガラシ。乾燥させ砕いたパウダーは郷土料理のシチュー、アショアやバイヨンヌのハムづくりにも使われる。マイルドな辛み。

8 Kokotxa

【ココチャ】
ココチャ

メルルーサまたはタラの顎下の身。やわらかくコラーゲンたっぷり。ビルビルまたはグリーンソース、溶き卵をつけてフライや炭火焼きなどにして食べる。

3
Hongos y Setas

【オンゴス・イ・セタス】
キノコ類

山に囲まれ雨が多いバスクは、キノコの成長にうってつけの土地柄。季節によって違う種類を楽しめる。春は香り高いXixas（シシャス）というキノコがおすすめ。

4
Guindillas de Ibarra

【ギンディージャス・デ・イバラ】
青トウガラシ

ギプスコア県のイバラで主に生産されている細長いトウガラシ。生を素揚げして粗塩をふったり、ピクルスにして食べる。たまに辛いものもある。

5
Alubias de Tolosa

【アルビアス・デ・トロサ】
トロサの黒インゲン豆

バスクの家庭料理、ソウルフード的なインゲン豆の煮込みに使う。とくにギプスコア県トロサ産の黒インゲン豆が有名。艶のある黒色が調理すると赤くなる。

9
Espárrago blanco

【エスパラゴ・ブランコ】
ホワイトアスパラガス

旬になると市場や青果店、バルのカウンターなどの目立つところにおかれる。甘味とかすかな苦みもある春の味覚。皮をむき、ゆでたり焼いたりして食べる。

10
Alcachofa

【アルカチョファ】
アーティチョーク

バスク以外でも使われる食材だけれど、バスクほどあちこちの店でピンチョスやラションとして食べられるところはないはず。ぜひ各店で食べくらべてみて。

ウナギの稚魚もどき、グーラスって？

バスクの珍味として食されてきたウナギの稚魚Angulas（アングーラス）が、乱獲や川の汚染などで漁獲量が激減し価格が高騰。バスクの食文化のひとつが消滅の危機を迎えていることを憂えたある起業家が代替品を探していた時に見つけたのが、日本の食品会社のカニかまぼこだった。その会社にウナギの稚魚に似た製品の開発を依頼し、すり身の技術を用いて完成したのがGulas（グーラス）。アヒージョにして食べるとおいしい。

アヒージョにしたグーラスに、ビルビルソースをかけたピンチョ。

バスクならではの飲みもの

バスク料理とあわせて味わいたいシドラ、チャコリ、
そしてリオハ・アラベサワイン。
より堪能したいなら醸造所などにも足をのばしてみては？

Sidra【シドラ】

土地の生活と密着したリンゴ酒

祭事で飲むシドラ。樽
出しの時は専任の担
当者がつき、客はグラ
スを持って列に並ぶ。

Euskal Sagardoaは、バスク産
のリンゴを100%使用したシド
ラであることを保証する原産
地呼称。

昔からバスクの農家では、夏でも涼しい気候と斜面が多い土地柄に合っ
たリンゴが栽培されてきました。リンゴの花が咲くのは4月下旬から5月に
かけて。夏の間太陽の光をたっぷり浴び熟した実を収穫するのは、9月下
旬から11月頃。木からもぎとらずに、熟して地面に落ちた実を収穫するの
が伝統的な方法です。シドラの醸造所であるシドレリア（バスク語では
Sagardotegia／サガルドテギア）は、数多くの種類のリンゴをブレンドし
て、独自の味をつくり出しています。2か月から4か月ほどかけて樽のなか
で発酵醸造されるバスクのシドラは、微発泡で酸味が強め。フレッシュな
味わいはとくに肉料理と好相性です。アルコールの度数は5%前後。特産
地のアスティガラガでその年のシドラの完成を祝ってTxotx（チョッツ）とい
う解禁セレモニーが行わるのは、収穫の翌年の1月19日。伝統的なバスク
の祝祭事にもよく飲まれます。

バスクの代表的なシドラを紹介。

いいシドラをつくるた
め、酸味、苦み、甘み
のあるリンゴを適度に
配分でブレンドする。

歴史を知り、味を知るシドラ博物館
Sagardoetxea

サガルドエチェア

　シドラの歴史やつくり方に関する展示
物などを通して、バスクの人々の民俗文
化を知ることができます。館内や、博物
館のまわりのリンゴ畑を見た後には、樽
出しシドラの試飲も。シドラのほかリン
ゴが原材料のビネガーやリキュールなど
も販売するショップが併設されています。
博物館見学と近隣のシドレリアでの食事
がセットになったパックもあり、おすす
めのシドレリアを紹介してもらえます。

Calle Nagusia 48, Astigarraga／☎943 550 575
https://www.sagardoarenlurraldea.eus
◷ 11:00〜13:30、16:00〜19:30、
　日曜・祝日11:00〜13:30、1〜6・9〜12月の月曜・
　1月6日・7月26日・12月24・25・31日休
€ 5€（試飲つき）／MAP☞P.7

Access

サン・セバスティアンからタクシーで約15分。またはバス
で約26分
【バスでのアクセス】サン・セバスティアンのホテル・マリ
ア・クリスティーナ前のOkendoからHernani（エルナニ）
行きのA1またはA2のバスに乗り約20分、Astigarraga
（アスティガラガ）のDonosti Ibilbideaで下車、徒歩約9分

飲み放題とステーキ肉が楽しめる
Petritegi ペトリテギ

　シドレリアでは、1月に新酒が解禁になると厚切りの骨つき
ステーキのチュレタをメインにした食事とともに、樽出しのシ
ドラを飲むことができます。スタッフの「Txotx!（チョーッ
ツ!）」という掛け声を合図に、飲みたい人たちは自分のグラ
スを持って樽が並んでいる倉庫へゾロゾロとついて行き、栓
が開けられた樽から勢いよく吹きだすシドラを順番に自分の
グラスに受けます。高い位置から注ぐエスカンシアという方
法がシドラと空気を混ぜることで尖りをなくし、独自の味や香
リを際立たせます。タラのオムレツやステーキを食べつつシ
ドラはお代わりし放題。樽ごとの飲みくらべも楽しめます。お
いしく飲むには少量注いで一気に、がベスト。

上・このシドレリアには3つのダイニングルーム
がある。ここは150人収容。帰りのタクシーはシ
ドレリアで手配してもらって。／左・コースメニ
ュー34.50€〜。タラのオムレツ、骨つきステー
キ、チーズなど。

右・9月末からはじまる収
穫とリンゴの選別作業。
施設見学は4名からで要
予約。

Petritegi Bidea 8, Astigarraga
☎943 457 188／https://www.petritegi.com
🕐 13:00〜15:00、20:00〜21:30、日曜13:00〜15:00、
　月曜・12月24・25・31日・1月1〜12日休／MAP💠P.7

Access サン・セバスティアンからタクシーで約15分

そのほかの
おすすめシドレリア

Lizeaga リセアガ

ウルメア川のほとりにある16世紀から
シドラづくりをしているシドレリア。昔は
樽を船にのせてサン・セバスティアンに
運んでいたそう。

Martutene Pasealekua 139, San Sebastián
☎943 468 290
https://lizeaga.eus/en/
🕐 13:30〜17:00、20:00〜23:00、
　土曜14:00〜17:30、
　20:00〜23:00、日曜休／MAP💠P.7

Alorrenea アロレネア

シドラ博物館のサガルドエチェアの見学
と、食事がセットになっているシドレリア。
予約は博物館の受付でもできる。

Petritegi Bidea 4, Astigarraga
☎943 336 999／https://alorrenea.com
🕐 13:00〜17:15、20:00〜23:55、
　土曜13:00〜17:15、20:00〜24:15、
　日曜13:00〜17:15、月曜休
MAP💠P.7

Zapiain サピアイン

1595年にはすでにシドラづくりを行っ
ていた記録がある家族経営の老舗。背
の高いテーブルでの伝統的な立食方
式。ホームページから要予約。

Calle Nagusia 96, Astigarraga
☎943 330 033／https://zapiain.eus
🕐 20:30〜23:30、
　土曜14:00〜17:00、20:00〜23:30、
　日曜・5月〜1月中旬休／MAP💠P.7

Zelaia セライア

多くのシドレリアと同じく、農家で自家
用につくりはじめたシドラの品質を高め、
規模を大きくしていった老舗。

Bario Martindegi 29, Hernani
☎943 555 851
https://zelaia.eus/en
🕐 20:00〜21:30、
　土曜13:30〜14:30、20:00〜21:30、
　月日曜・5月〜1月中旬休／MAP💠P.7

Txakoli 【チャコリ】

バスクの魚介料理と最高に合うワイン

　さわやかな酸味とフルーティーな味わいで、アルコール度数が低いことが特徴的。魚介料理との相性が抜群によく、普段ワインをあまり飲まない人や濃厚なタイプは苦手という人にも飲みやすいワインです。8度前後に冷やすとおいしく飲めます。バスク固有種のオンダリラビ・スリというブドウを原材料とした白が主流ですが、オンダラビ・ベルツァを使った赤やロゼも少量生産されています。バスクは平地がとても少ないため、ブドウ栽培には丘の斜面を利用。D.O.(原産地呼称)で認定されているのは、チャコリ・デ・ゲタリア、チャコリ・デ・ビスカイア、チャコリ・デ・アラバの3地域。1980年代後半にバスクのチャコリづくりを再生、発展させようという動きが活発になり、まずD.O.ゲタリアの生産者たちが代々受け継いできたブドウ畑を徐々に拡大し、品質向上と販路拡大に努めました。生産した翌年中に消費する若飲みタイプのほかに、近年は熟成タイプも生産されています。

　D.O.ゲタリアの微発泡のチャコリを扱うバルではエスカンシアという方法で高い位置からグラスに注ぎますが、サラウスのワイナリー、タライ・ベリの4代目オーナービセンテさんいわく、ほかの白ワインと同じように静かに注いでもいいとのこと。チャコリが市場に出まわりはじめた頃は品質もまちまちでかたさがあったので、エスカンシアで空気と混ぜて口当たりをまろやかにしていたそうです。今後各ワイナリーの高級ライン生産がもたらすチャコリ新時代にも、期待が高まります。

南向きのテラスから一望できるタライ・ベリのブドウ畑。

施設とブドウ畑見学の後は、チャコリの試飲タイム。バスク特産のおつまみとともに。

Talai Berri
タライ・ベリ

Talaimendi Auzoa 728, Zarautz
☎943 132 750
https://www.talaiberri.com
※見学はメールで問い合わせを
MAP ➡ P.7

Access
サン・セバスティアンからタクシーで約25分

ゲタリアの
チャコリといえば
Txomin Etxaniz
チョミン・エチャニス

1649年からゲタリアの丘の上で代々チャコリづくりに携わってきた家族経営の老舗。1989年にD.O.チャコリ・デ・ゲタリアとして原産地呼称制度で認証されて以来、品質向上に努め、チャコリ業界をけん引してきた最大手のワイナリーです。微発泡で酸とミネラルのバランスにすぐれたチャコリ。ロゼやスパークリング、遅摘みの甘口チャコリも生産しています。

Eitzaga Auzoa 13, Getaria ／☎943 140 702
https://www.txominetxaniz.com
※見学はメールで問い合わせを
MAP ✿ P.77（MAP外）

上・オンダラビ・スリ（白）90％、オンダラビ・ベルツァ（赤）10％の割合で栽培している。／左・チャコリのロゼは、とくにスペイン国外で人気があるそう。／右・スタンダードやロゼ以外のものも紹介してくれるアイトールさん。

Access
ゲタリア中心部からタクシーで約10分。サン・セバスティアンからタクシーで約40分

Bereziaは、バスク語でスペシャルという意味がある。微発砲ではないスティルタイプ。

Jaizubia Auzoa 266, Hondarribia
☎943 104 060 ／ https://www.hiruzta.com
※土日曜12:00～～13:00～に見学ツアーを開催。ひとり15€（試飲つき）、33€（試飲＆ピンチョスつき）。メールで要予約
MAP ✿ P.83（MAP外）

Access
オンダリビア中心部からタクシーで約10分。サン・セバスティアンからタクシーで約25分

オンダリビア唯一のワイナリー
Hiruzta イルスタ

ブドウ畑は南向きの斜面にあり、海から吹く北風から守られ、日の出から日没まで太陽の光を十分受けられる絶好のロケーション。日当たりのよさでブドウの糖度を上げることで、酸味のきつくないまろやかな味になります。スタンダードなTxakoli Hiruzta、アルコール度が少し高くボディのあるHiruzta Berezia、そしてロゼとスパークリングの全4種類のチャコリを生産しています。

上・ブドウ畑は昔採石場があった土地で、粘土や砂、石灰岩などミネラル分が豊かな土壌。／左・併設のレストランは、ランチやイベントに対応している。要予約。

23

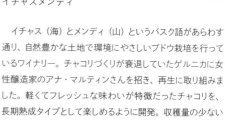

バスクが誇る
「海」と「山」を名に
Itsasmendi
イチャスメンディ

　イチャス（海）とメンディ（山）というバスク語があらわす通り、自然豊かな土地で環境にやさしいブドウ栽培を行っているワイナリー。チャコリづくりが衰退していたゲルニカに女性醸造家のアナ・マルティンさんを招き、再生に取り組みました。軽くてフレッシュな味わいが特徴だったチャコリを、長期熟成タイプとして楽しめるように開発。収穫量の少ないオンダラビ・ベルツァを使った希少な赤も生産しています。

Barrio Arane 66, Gernika-Lumo ／ ☎946 270 316
https://www.bodegasitsasmendi.com
※見学ツアーひとり30€（試飲＆ピンチョスつき）〜。
ホームページより要予約／MAP ✿ P. 7

上・右のボトルの「Eklipse（エクリプセ）」はスペイン語で「日食」という意味。希少な赤いチャコリ。／右・風光明媚なビスカヤ県ウルダイバイ自然保護区内にあるブドウ畑。

Access
ビルバオからタクシーで約30分、ゲルニカ中心部からタクシーで約7分

©Itsasmendi

エレガントな高級チャコリ
Astobiza アストビサ

　アラバ県オコンドにあるワイナリー。敷地内と近隣の自社畑で栽培したブドウを使った銘柄を生産しています。製品は、スペインワインの格付けのなかで最上級ともいえる「ビノ・デ・パゴ」と呼ばれています。製造過程で圧搾せずフリーランジュースからつくるチャコリMalkoa（バスク語で涙の意味）やロゼ、デザートワインにもなる遅摘みの甘口タイプなど意欲的なチャコリづくりに取り組んでいます。

Barrio Jandiola 16, Okondo
☎607 400 321
https://www.astobiza.es
※見学はメールで問い合わせを
MAP ✿ P. 6

Access
ビルバオからタクシーで約25分

いつでも開けたての味を楽しめる真空パウチもある。
©チャコリを飲もうよ

上・牡蠣、ウニ、フォアグラなど、味の濃い食材にも合う甘いチャコリ。／下・アラバ県最北の地域にあり、とくに白系ブドウの栽培にはうってつけな立地。

チャコリだけじゃないバスクのワイン

上・アルタディというワイナリーのValdegines（バルデヒネス）。しっかりした味がステーキによく合う。／右・バルやショップによって取り扱う銘柄もさまざま。スタッフにおすすめを聞いてみよう。

スペインの代表的なワインとして知られるリオハワイン。産地にはリオハ・アルタ（Rioja Alta）、リオハ・バハ（Rioja Baja）、リオハ・アラベサ（Rioja Alavesa）という3地区があり、そのうちリオハ・アラベサは全域がバスク州のアラバ県にあります。雨天が多く土壌に湿気が多いバスク州のギプスコア県やビスカヤ県と違い、内陸部のアラバ県は乾燥気味で日照時間も多く、気候や土壌も隣り合うリオハ・アルタと同じでワインづくりに適しています。

　代表的な赤ワインは明るくあざやかな色、上質な香り、フルーティーで心地いい口当たりで、リオハ3地域のなかではいちばん多くつくられているブドウ品種がテンプラニーリョ種。そのほかガルナッチャ種、マスエロ種、グラシアーノ種もつくられています。また近年は国内外で白ワインやロゼの評価も高まってきているため、市場のニーズに応えようと生産者もこれらの品質向上に努めています。この地域では広々としたブドウ畑の美しい景観、エルシエゴやラグアルディアなど中世の面影を残す街並みの散策も楽しめます。リオハ・アラベサには施設を見学できて試飲や食事も楽しめるワイナリーが多数点在していて、エノツーリズム（ワインツーリズム）での地域活性化をバスク州政府も支援しています。

Ruta del Vino de Rioja Alavesa

リオハ・アラベサ・ワインツーリズム

https://www.rutadelvinoderiojaalavesa.com

フランスバスクのワイン、イルレギー

鴨や羊肉料理によく合うドメーヌ・ムールギの赤。魚料理にロゼを試してみるのもいい。

　フランスバスク内陸部の丘陵地帯で生産されているのが、イルレギーワイン。かつて国境地帯にあるロンセスバジェスの修道院の修道士たちが周辺地域にブドウの木を植えたのが、ワインづくりのはじまりでした。19世紀にヨーロッパをおそったフィロキセラの虫害で一時期衰退したものの、生産者たちの努力で1970年にAOC（フランスの原産地呼称統制）の認定を受け再生に成功。全生産量の85％を占める赤、ロゼに使用されるタナ、カベルネ・ソーヴィニヨン、カベルネ・フラン種は、上質なタンニンと美しい色彩や赤い果実の香りを生み出します。白ワインにはグロ・マンサン、プティ・マンサン、そして柑橘と蜂蜜の香りをもたらすプティ・クルビュを使用。おいしい食事とともにぜひバスクならではの独自性のある味わいを楽しんでください。

Macaron
【マカロン】

フランスマカロンの原型ともいわれるフランスバスクの素朴なマカロン。アーモンドパウダーとバターでつくった生地は、外はサクサクなかはもっちりした食感。昔と同じ味を保つために、各店とも伝統のレシピを守り続けているそう。

Gâteau Basque
【ガトー・バスク】

バスク菓子の代表ガトー・バスク（フランス語）は、スペインバスクではPastel Vasco（パステル・バスコ）といい、「バスクのケーキ」を意味する。アーモンドパウダーとバターを加えた生地に、黒サクランボジャムやカスタードクリームを詰めたものが主流。

Pantxineta
【パンチネタ】

パイ生地にカスタードクリームを詰め、アーモンドのスライスや砕いた粒をのせシュガーパウダーをかけたもの。ひとり用サイズのほか、長方形などのホールも。食べる前に少しあたためるとさらにおいしい。サン・セバスティアンのオタエギ（P.69）が発祥。

Roscón de Reyes
【ロスコン・デ・レィエス】

スペインでは1月6日の東方三博士の日までがクリスマスで、この日にほぼどの家庭でも必ず食べるといっていい伝統菓子。ブリオッシュのような生地に生クリームやカスタードクリームをはさんだもの。なかには小さな人形などが仕込んであり、切り分けて食べる際それに当たった人は1年ラッキーに過ごせるといういい伝えが。

Goxua
【ゴシュア】

ビトリア（アラバ県）発祥のバスクのスイーツ。ゴシュアとはバスク語で甘い、おいしい、やさしい、やわらかいなどの意味。下から生クリーム、スポンジ生地、カスタードクリーム、カラメルソースが層になっている。

ふるさとへの
愛が詰まった
伝統菓子

スペインバスク、フランスバスクのお菓子は庶民的。あまり見た目にもこだわらない焼き菓子が主で、郷土菓子らしい素朴さに癒されます。バスクはもちろん、スペイン全土でクリスマスに必ず食べる伝統菓子もあわせてご紹介。

料理好きが集う理想的な場所
美食クラブとは?

食器からテーブルクロスまで、食事会
に必要なものはすべてそろっている。

メニューの選択、買い出し、調理、
すべてその日の担当者にお任せ。
ナイスなシステム。

　スペインバスクには、美食クラブ=Sociedad Gastronómica
(ソシエダ・ガストロノミカ)という、バスク人の食いしん坊&お酒
好き&仲間好きな特徴を具現化したような会員制クラブシステム
があります。とくにサン・セバスティアンやギプスコア県内に多数
存在し、「女性立ち入り禁止」のところが多いといわれていますが、
「完全に禁止」、「招待客としては許可、ただし厨房に入るのは不可」、
「制限なし」と、各クラブによって規則が違います。

　息抜きをしたい男性たちが仲間と集まり、気楽に飲んだり料理
をして過ごす「Txoko (チョコ)」(バスク語で場所)が、徐々にメン
バーが増え美食クラブとしてシステム化し運営されるように。一定
の会員数が保たれているので、会員の紹介があった入会希望者
は空きができた時にほかの会員たちの承認も得たうえで入会する
ことができます。

　会員は自分の家族や友達を招待することができ、施設の使用は
予約制。アルコールやソフトドリンク、水などの飲料はまとめ買い
で備蓄してあり、使った分の代金を最後に専用伝票に記入し、支
払い箱においていきます。食材は持ち込みで、厨房は同じ時間帯
に集まった会員同士でうまく使います。食材にかかった費用は、同
じテーブルを囲む仲間同士で割り勘。そして使った食器や調理器
具などの汚れものはすべて所定の場所においておけば、契約して
いる洗いもの担当者が翌日やってくれます。「料理は大好きでも後
片づけがめんどうで」という男性にとって、最高に理想的なシステ
ム。また食事に招待された女性も上げ膳据え膳で、おいしく食べ
てにぎやかに飲んで、みんなが幸せになれる場所です。

メルルーサとアサリのグリーンソー
スや、タラのビルビルソースな
どを大鍋でつくる。大人数に対応
するには煮込み料理が最適。

行ってみたい高級レストラン

スペインバスクには、星つきレストランをはじめ至福のグルメタイムを味わえる高級店もたくさんあります。料理のおいしさだけでなく、新たな発見もあるかもしれません。

San Sebastián
サン・セバスティアン

Arzak アルサック
父ファン・マリさんから娘のエレナさんへ受け継がれていく3ツ星店。／Avenida Alcalde Elósegui 273／☎943 278 465／https://www.arzak.es／MAP ✿ P.33 [B-4]（MAP外）

Akelaŕe アケラレ
風光明媚な山上に立つ3ツ星店。夏は夕日をながめつつディナーを。／Padre Orcolaga 56／☎943 311 209／https://www.akelarre.net／MAP ✿ P.7

Amelia アメリア
しっかりした基盤のある若手シェフの独創的な料理が評判。／Calle Kalea 26／☎943 845 647／https://www.ameliarestaurant.com／MAP ✿ P.32 [C-2]

Kokotxa ココチャ
旧市街にあり徒歩で行け、コスパのいいテイスティングメニューが◎。／Calle del Campanario 11／☎943 421 904／http://www.restaurantekokotxa.com／MAP ✿ P.32 [A-1]

Mirador de Ulía ミラドール・デ・ウリア
窓際の席から街を見下ろし食事を楽しめる。ディナー時は夜景を。／Paseo de Ulía 193／☎943 272 707／https://www.miradordeulia.es／MAP ✿ P.7

Getaria ゲタリア

Elkano エルカノ ➡ P.79へ

Kaia-Kaipe カイア・カイペ ➡ P.80へ

Hondarribia オンダリビア

Alameda アラメダ ➡ P.90へ

Bilbao ビルバオ

Atelier Etxanobe アテリエール・エチャノベ
地元の伝統料理に遊び心を加えたコースメニューをぜひ。／Calle Juan Ajuriaguerra 8／☎944 421 071／https://atelieretxanobe.com／MAP ✿ P.97 [A-3]

Mina ミナ ➡ P.114へ

Nerua ネルア
グッゲンハイム美術館に併設。入り口は蜘蛛のオブジェ近く。／Avenida Abandoibarra 2／☎944 000 430／https://www.neruaguggenheimbilbao.com／MAP ✿ P.97 [A-3]

Ola Martin Berasategui オラ・マルティン・ベラサテギ
オート・キュイジーヌの達人によるメニューをカジュアルに楽しめる。／Calle Ribera 13／☎944 652 070／https://taykohotels.com/bilbao/gastronomia/ola-restaurante／／MAP ✿ P.97 [C-4]

Zarate サラテ ➡ P.116へ

Zortziko ソルツィコ
食を旅に例えたコンセプトで構成されたコースメニューが人気。／Alameda Mazarredo 17／☎944 239 743／https://www.zortziko.es／MAP ✿ P.97 [B-3]

そのほかの都市

Azurmendi アスルメンディ ➡ P.120へ

Eneko エネコ ➡ P.121へ

Asador Etxebarri アサドール・エチェバリ ➡ P.122へ

Txispa チスパ ➡ P.123へ

Martín Berasategui マルティン・ベラサテギ
シェフの代表作で構成されたコースメニューがある3ツ星店。／Calle Loidi 4, Lasarte-Oria／☎943 366 471／https://www.martinberasategui.com／MAP ✿ P.7

Mugaritz ムガリツ
食をテーマに、驚きや未知の世界を探検する実験室のような店。／Aldura Aldea 20, Rentería／☎943 522 455／https://www.mugaritz.com／MAP ✿ P.7

スペインバスク

王侯貴族の避暑地が美食の街に

Donostia /
San Sebastián

ドノスティア／サン・セバスティアン

人気バルがずらりと並ぶ旧市街のフェルミン・
カルベトン通り。バルめぐりでははずせない。

2012年以降、バスク語でのドノスティアとスペイン語のサン・セバスティアン（アにアクセント）の両方が公式名として使われるようになりました。「ビスケー湾の真珠」ともいわれる海と山に囲まれた美しい街並みは、バスクのなかでも際立って人々を魅了し続けています。

フランスとの国境から約20kmという近さもあり、かつては長い年月にわたって周辺国との戦禍に巻き込まれてきました。フランス軍の占領下におかれていた1813年8月31日には、イギリス・ポルトガル連合軍により1本の通りを残して町を焼き払われる悲劇に見舞われますが、後に解放。その後は町の再構築としてミラマール宮殿、ホテル・マリア・クリスティーナ、カジノ、劇場などが次々に建設され、王侯貴族や上流階級の避暑地として、商業と観光業での繁栄「ベル・エポック」を迎えます。そして再びスペイン内戦と中央政府の独裁政権下の暗い時代を経て、近年のバスク独立派の活動による政治的に不安定な時代も終結し、それまで地元の人たちの努力で支えられてきた世界随一の美食の街としての魅力が、急速に国外へも広く知られるようになりました。 現在のサン・セバスティアンではおだやかに流れる時間と土地の人々の豊かな暮らしを、訪れた人たちも肌で感じることができるでしょう。

旧市街、新市街、グロス地区に数多くあるバルやレストランでおいしい食事を楽しみ、気持ちいい風に吹かれながらラ・コンチャ・ビーチを散歩する——とてもシンプルなことですが、きっと忘れられない思い出になるはずです。

古くは闘牛場として使われていた憲法広場。建物の窓の上の番号は見物席だった頃のなごりとか。

旧市街とスリオラ・ビーチがあるグロス地区をつなぐスリオラ橋（別名クルサール橋）。

港のシーフードレストラン。バカンスシーズンはテラス席が大人気でいつもにぎやか。

バロック様式のサンタ・マリア教会。時計の下の彫像は町の守護聖人、聖セバスティアン。

左・旧市街に沿って東西にのびるブールバール通り。観光案内所はこの通りにある。／右・ブールバール通りにあるキオスコ。コンサートなどに使われたり、子どもたちの遊び場でもある。

Access

ビルバオ・バスターミナルからバスで約1時間20分。ビルバオ空港からバスで約1時間15分。ビアリッツ・ベイ・バスク空港からバスで約1時間

①　**②**

Parte Vieja
旧市街

🚶 Zazpi STM
サスピ・サンテルモ P.52

Museo San Telmo
サン・テルモ博物館

🍴 La Cuchara de San Telmo
ラ・クチャーラ・デ・サン・テルモ P.46

🏨 Monte Urgull
モンテ・ウルグル P.35

Castillo de la Mota
モタ城

Gaztelubide

Zuloaga Plaza
スロアガ広場

🏨 Hotel Parmo
ホテル・パルモ P.178

Txuleta
チュレタ(バル&バスク料理店)

La Cepa
ラ・セパ(バル)

Gandarias 🍴 P.44
ガンダリアス

Ssua Arde Donostia
ススア・アルデ・ドノスティア(バル)

🍴 La Viña P.40
ラ・ビーニャ

Iglesia de Santa María
サンタ・マリア教会

A

• 🍴 Urgulleko Polboriña
ウルグレコ・ポルボリーニャ
P.53

Atari 🍴
アタリ P.36

Constituzio
Plaza
憲法広場

🍴 Bar Txepetxa
バル・チェペチャ P.47

Amama
アママ(バスク料理店)

Arrandegi/Pescadería

Gorriti
ゴリッティ
P.51

Haizea
アイセア(バル)

Hotel Atari
ホテル・アタリ

Kokotxa 🍴•
ココチャ P.28

Fermín Calbetón
フェルミン・カルベトン通り

🍴 Bar Sport P.38
バル・スポーツ

🏪 Mercado de
la Bretxa
ブレチャ市場 P.66

• La Rampa
ラ・ランパ(シーフード料理店)

• 遊覧ボート乗り場

La Mejillonera
ラ・メヒリョネラ(ムール貝専門バル)

Boulevard 9
(レアレ/アレーナ行)

Aquarium
水族館

Ganbara 🍴
ガンバラ P.50

Lasala Plaza Hotel •
ラサラ・プラザ・ホテル

Boulevard
ブールバール通り

Alboka Artesanía 🏪
アルボカ・アルテサニア P.74

Paco Bueno
パコ・ブエノ(バル)

🏪 Cestería Iriondo
セステリア・イリオンド P.73

Auka
アウカ(ファッション)

Kenji Sushi Bar
ケンジ・スシ・バル(和食料理店)

Ijentea Kafea
ヘンテア・カフェア(カフェ)

• Ayuntamiento
市庁舎

(オンダリビア行)
Gipuzkoa Plaza
ギプスコア広場

B

Antonio Boulevard 🍴
アントニオ・ブールバール P.54

Casa Urola 🍴
カサ・ウロラ P.49

🍴 Borda Berri P.42
ボルダ・ベリ

Juantxo Taberna
ファンチョ・タベルナ(バル)

🏪 Dott Donosti
ドット・ドノスティ P.75

Zumeltzegi 🍴
スメルツェギ P.48

🏪 Otaegui
オタエギ P.69

Boulevard 19
(モンテ・イゲルド行)

Centro
新市街

Av. de la Libertad ♀
(ゲタリア、スマイア行)

🏨 Hotel de Londres 🏨•
ホテル・デ・ロンドレス P.177

• Mercado de San Martin
サン・マルティン市場

La Playa de la Concha 🏖•
ラ・コンチャ・ビーチ P.34

Narru •
ナル(バスク料理店)

C

• Hotel Villa Favorita
ホテル・ビリャ・ファボリタ

Catedral Buen Pastor •
ブエン・パストール大聖堂

🍴 Amelia
アメリア P.28

• Hotel Zenit Convento San Martin
ホテル・セニット・コンベント・サン・マルティン

N

• 🏨 Hotel Niza
ホテル・ニサ P.178

0 ────── 200m

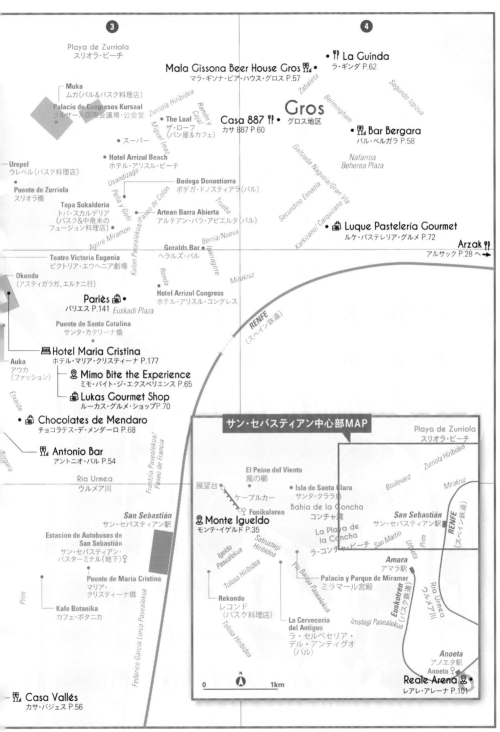

美景のラ・コンチャ・ビーチを愛でる

モンテ・イゲルドから見下ろす街並み。サン・セバスティアンを訪れるならぜひ見てほしい眺望。

左・この町出身の彫刻家エドゥアルド・チリーダの作品「El Peine del Viento（風の櫛）」（MAP ❖ P.33［C-4］）。／右・海の青さに映える白い手すり。このビーチのシンボル的デザイン。

初夏から秋にかけて見られる夕暮れ時のビーチの風景。旅の美しい思い出のひとつになるはず。

晴れた日の澄み切った空と青い海、荒れた日に押し寄せる高い波——。サン・セバスティアンが多くの人を惹きつけてやまないのは、美食の街というだけではなく、その景観の美しさが大きな理由でしょう。ラ・コンチャ（スペイン語で「貝殻」という意味）と呼ばれる大きな弧を描く海岸線は、全長約1350m。きめの細かい白砂と澄んだ青い海が広がり、多くの人たちがビーチ沿いの道を行き交います。旧市街でお腹を満たしたら、波の音を聞きながらビーチをながめる至福のひとときを味わいましょう。湾をはさんで両側にある丘、モンテ・イゲルドとモンテ・ウルグルに上って見るビーチと街並みの景色もおすすめです。

La Playa de la Concha
ラ・コンチャ・ビーチ
MAP ❖ P.32［C-1］

春から夏に咲く、このビーチの街路樹「タマリス」の花。

◎ モンテ・イゲルドから ──

モンテ・イゲルドは標高約180mの小高い丘。ラ・コンチャ・ビーチの西端に位置し、ケーブルカーで上ることができます。ビーチを含む町全体を見下ろせる展望台は、絶好のフォトスポット。サン・セバスティアンを代表する景観を楽しめます。頂上にはホテルと1912年開園の小さな遊園地があり、なんとも不思議なレトロ感を味わえます。

Funiclar（フニクラール）と呼ばれているケーブルカー。中間の交差ポイントですれ違う。

Monte Igueldo
モンテ・イゲルド

ケーブルカー乗り場。運行時間は季節や祝祭事により変動する。

https://www.monteigueldo.es
MAP ✿ P.33 [C-3]
※ケーブルカーの運行時間は11:00〜20:00（季節により変動するほか休業日もあるため、事前にサイトで確認を）。料金は、往復4.25€。ケーブルカー乗り場へは、Boulevard 19（ブールバール通り）から16番のバスに乗り約14分、Funikular Plaza（フニクラ広場）で下車。片道1.85€

◎ モンテ・ウルグルから ──

モンテ・ウルグルは旧市街とつながっている丘で、標高約123m。野の花が咲く木立のなか、舗装されたなだらかな道を上っていくことができます。頂上にはかつて軍事施設として大事な役目を果たしていたモタ城と、町を見下ろす全高約12mのキリスト像が。展望スポットからは、モンテ・イゲルドとはまた違った角度でサン・セバスティアンの街並みをながめることができます。

市庁舎とその先の旧市街や港の向こうに見えるモンテ・ウルグル。

Monte Urgull　モンテ・ウルグル
MAP ✿ P.32 [A-1]

左・丘の端にある展望台から。向こうにグロス地区のスリオラ・ビーチが見える。／右・モタ城の礼拝堂の上に立つキリスト像。1950年に設置された。

Atari

アタリ

上・やわらかい子羊肉のテリーヌにクスクスを添えた Terrina de cordero 5.50€。／ 左・Arroz de temporada（季節のライス）5.50€。この日は少しスパイシーなビリヤニ風ライス。

美食の社交場でもある
繁盛店

　旧市街を歩けば難なくたどり着けるサンタ・マリア教会の真ん前というわかりやすいロケーション。地元の人たちは待ち合わせや散歩途中の休憩にもよく利用しています。限られたカウンタースペースをうまく活用し、たくさんのピンチョスが並べられています。定番の人気メニューはBacarao gratinado（バカラオ・グラティナド／タラのマヨあえ焼き）。注文するとあたためて出してくれます。旬や仕入れで具材が変わるリゾット、Arroz de temporada（アロス・デ・テンポラダ／季節のライス）などのオーダーメニューも豊富。質のいい肉料理を少量のピンチョサイズで頼めるのも◎。テラス席に座って行き交う人々をながめながら、ピンチョスを食べるのも楽しい。大混雑するピーク時を避けて行くか、テーブル席を予約したほうがゆっくり食事を楽しめます。2022年夏には、上階に同名のホテルとカジュアルなレストランAmama（アママ）もオープンしました。

席を予約できないバルが多いなか、この店は予約OK。確実に利用したい時は問い合わせてみては？

Calle Mayor 18, San Sebastián
☎943 440 792／https://atarigastroleku.com
🕐12:00〜翌1:00（金曜翌2:30）、
　土曜11:00〜24:00、秋冬の火曜休
※昼の部と夜の部の間にキッチンクローズの時間帯あり
MAP🔎P.32 [A-1]

左上から／Solomillo（牛ヒレ肉のステーキとポテト）7€。／Brocheta de langostinos（車エビの串焼き）5.50€。／Bacalao gratinado（タラのマヨあえ焼き）3€。ほぐしたタラをニンニク風味のアリオリソースであえて、グラタン風に焼いたもの。／Torrija（トリッハ／フレンチトースト風デザート、アイス添え）6€。

Bar Sport

バル・スポーツ

絶品のフォアグラ二段重ねを

絶品のフォアグラ二段重ねを

キッチンのなか休みがなく、いつでもあたたかいオーダーメニューが食べられます。すぐそばにあるボルダ・ベリ（P.42）の開店を待ちつつ、ここからバルめぐりをスタートするのがいつもの私のパターン。「カニ？」「ウニ？」「日本語メニューもありますよ」とスタッフが気さくに声をかけてくれます。それでいて観光客目当て的なところは全くなく、地元客にも愛されています。品ぞろえ、味、価格、接客すべてにおいて満足できる店で、一度訪れるとリピートしたくなるのは確実です。

このバルのスター選手はフォアグラのプランチャ（ソテー）。二段重ねのフォアグラの味つけは粗塩のみで、サーブする時に好みによって黒コショウをひいてくれます。フォアグラは大好きだけれど甘い味つけやソース添えは苦手、という人にとくにおすすめです。

日本語メニューも用意されているので注文しやすい。

上・ここのスタッフはいつも明るく迎えてくれるから好き。／右・バスクではシンプルなイカ焼きがこんなにおいしい、と発見できるピンチョ3.60€。

いい赤ワインと合わせると至福の味に。

Foie a la plancha(フォアグラのソテー)5.60€。

上左・Txangurro al horno(カニのオーブン焼き)3.50€。ワインが苦手ならサングリアといかが?／上右・Crep de txangurro(カニ詰めクレープ、カニミソソース添え)3.10€。／下左・ウニのクリーム3.50€は、注文するとあたためて出してくれる。やさしい味わい。／下右・チーズケーキ4.40€と、スタッフおすすめのワインやシェリー酒との組み合わせも体験してみて。

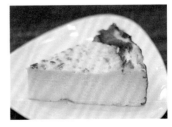

Calle Fermín Calbetón 10, San Sebastián ／ ☎943 426 888 ／ https://www.facebook.com/BarSportDonostia/
🕐 9:00（土曜10:00）〜24:00、日曜11:00〜24:00、無休 ／ MAP💠P.32 [A-2]

La Viña
ラ・ビーニャ

バスクでチーズケーキといえばここ！

1度食べると忘れられない濃厚な味とクリーミーな食感。サンティさん自慢のチーズケーキは、赤ワインと合わせてもおいしい。

旧市街の代表的なバル通りのひとつ、8月31日通りの5番地（店の隣り）で生まれた生粋のサン・セバスティアンっ子、サンティアゴ・リベラさんの店。両親から店を受け継ぎ、オリジナルのチーズケーキを大ヒットさせました。お客のほぼ全員が頼んでいるのではないかというほどの人気メニュー。カウンターの横には、次々に焼き上がるチーズケーキを並べる専用棚があります。表面には焦げ色がしっかりついているのになかはトロトロ。ひと皿に2ピースのっているので、食べきれない時は持ち帰りにしてもらいましょう。

チーズケーキのほかにも、この店オリジナルのアンチョビとクリームチーズのピンチョや、タコのガリシア風、チョリソのシドラ煮、ギンディージャ（青トウガラシ）の素揚などもおすすめ。奥のレストランでは魚のグリルや骨つきステーキなどの伝統料理が食べられます。

チーズケーキは持ち帰りもできる（予約可）。2ピース（ひとり分）6€、1/2ホール（4、5人分）25€、1ホール（8〜10人分）45€。

上・つくり手の腕の見せどころ、トルティーリャがおいしいのはいい店の証拠。食べくらべてみるのも楽しい。2.50€。／左・クラシックなピンチョ、カニのマヨネーズあえ。もちろんカニかまぼこではなく本物のカニの身。

ボケロネス・エン・ビナグレ。カウンターに並んでいる料理は1ラション（ひと皿）で頼むと8.50€〜。

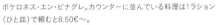

Canutillo de queso y anchoa（クリームチーズとアンチョビ）2.20€。

Calle 31 de Agosto 3, San Sebastián ／ ☎943 427 495 / https://lavinarestaurante.com
🕐 11:00〜15:30、19:30〜22:30、月曜休／ MAP 💠 P.32 [A-2]

Borda Berri
ボルダ・ベリ

黒板メニューの
ピンチョスをオーダー

　ラ・クチャーラ・デ・サン・テルモ
(P.46) にいたスタッフが独立して開い
た店で、同店のようにカウンターにピ
ンチョスはなく黒板メニューを見て注
文します。15種類ほどの品が、ピン
チョ、メディア・ラション (ハーフポー
ション)、ラション (フルポーション) で
頼めますが、少しずついろいろと食
べたければピンチョサイズが適量で
す。どれにしようか迷っていると、隣
リで食べている人が「これすごくおい
しいですよ!」と教えてくれるかも。お
客の満足度が高い人気店では、そん
な交流が自然と生まれます。

　人気のリゾットは、濃厚なイディア
サバルチーズの味と弾力のある歯応
えが◎。米ではなく、小麦粉を練っ
て米粒の形にしたプンタレッテパスタ
でできています。混雑しやすいので、
開店と同時になかへ入り、カウンター
の場所を確保すると落ち着いて食事
を楽しめます。

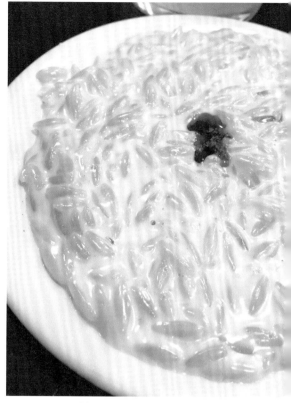

Risotto de puntalette (プンタレッテパスタのリゾット) 3.70€。

やわらかく、うま味が凝縮された Magret de pato (鴨肉のロースト) 4.90€。

お客の出入りを確認しながらシ
ドラを注ぐベテランスタッフのル
シアさん。

上・Tomate relleno de
mozzarella（トマトのモッツ
ァレラチーズ詰め）4.90€。
／右・春から初夏が旬の
Espárragos blancos（ホワ
イトアスパラガス）のソテ
ー。／下・Carrillera de
ternera（子牛の頬肉の赤
ワイン煮込み）4.90€。

上・厚めに切ったTako de
atun rojo（マグロのステー
キ）。／左・Ravioli de
langostinos（クルマエビと
ベーコンのラビオリ）
4.70€。

Calle Fermín Calbetón 12, San Sebastián ／☎943 430 342 / https://www.barbordaberri.com
🕐 12:30〜15:30、19:30〜22:30（金〜日曜23:00）、月火曜休
MAP❖P.32［A-2］

Gandarias
ガンダリアス

時間帯を気にせずに行ける

　もし食事をするには微妙な時間にサン・セバスティアンに到着してしまったら、迷わずこの店に行きましょう。昼と夜の営業の間にキッチンが閉まる店が多いなか、ここは通しでやっているのでとても頼りになります。カウンターにびっしり並んだピンチョス、その上に吊るされたイベリコ豚の生ハム、プロの風格を漂わせチャコリやワインを注いでいるスタッフたち──。典型的なバルの姿がそこにあります。

　人気メニューはマッシュルーム、ソロミーリョ（牛ヒレ肉）、カニのサン・セバスティアン風、串焼きなど。とくに鴨の串焼きは絶品です。それに最高に合うワインをグラスで頼めるのもバルならでは。おすすめをカマレロにたずねてみて。午後1時にオープンするレストランスペースでは、バスクの伝統料理の数々を味わうことができます。価格もお手頃な優良店。

Calle 31 de Agosto 23, San Sebastián
☎943 426 362／https://www.restaurantegandarias.com
🕐11:00〜23:00（木金曜翌1:00）、水曜11:00〜24:00、
　日曜11:00〜22:30、1月1日・12月25日休
MAP 🔖 P.32 [A-2]

カウンターに並ぶピンチョスはどれも魅力的。ほかの人が食べているものも頼んでみたくなる。

上から／Champiñones（マッシュルーム）2.50€。あたためて出してくれる。／Tartaleta de txangurro（カニのタルト）2.50€。／うま味豊かな鴨肉のピンチョ2.40€とグラスワインで、手軽にぜいたく気分を味わって。

サン・セバスティアンでチキテオしてみる

チキテオ（またはポテオ）とははしご酒のこと。元は主に男性が仕事終わりや休日に
仲間同士で飲み歩く時、1軒に長居せずにチキートと呼ばれる小さなグラスで少量のワインを飲み、
サッと次のバルへ移動する習慣でした。最近は年代や性別に関係なく、
グループでピンチョスをつまみながらバルめぐりをする人たちがさらに増えています。
バスクでいちばんポピュラーな人付き合いの手段かもしれません。
しょっちゅう会っている仲でも、久しぶりに会う人でも待ち合わせはバルで！
サン・セバスティアン在住の友人夫妻、エドゥアルドさん＆マメンさんと一緒に
チキテオに出かけてみました。

1 さて、どのバルからはじめよう？本来のチキテオなら行きつけのバルへとなるけれど、とりあえずバルストリートのフェルミン・カルベトン通りを歩いて、混み具合などをチェック。

2 最初に入るバルが決まったらボテ（Bote）を。ボテとは、参加者全員が一定の金額を均等に出し合って、その日の担当者がバルごとの支払いをそこから済ませるというシステム。頼む飲みものやピンチョが違って不公平、なんて細かいことはいわないのがお約束。足りなくなったらまた少額を全員が追加する。

3 1軒めで早速、夫妻の友人カップルに遭遇。まずは乾杯！チキテオでは、とくに約束をしていなかった人たちとも途中で合流することがよくある。とにかく自由でフレキシブルに楽しめばOK！

5 3軒目、飲みものを頼みながら店の人におすすめのピンチョスをたずねる。ここはアンチョア（カタクチイワシ科の魚）がおいしい店。違う種類を4個オーダー。飲みものは全員一致でチャコリに決定！

4

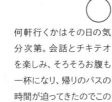

6 何軒行くかはその日の気分次第。会話とチキテオを楽しみ、そろそろお腹も一杯になり、帰りのバスの時間が迫ってきたのでこの日はここで終了。エドゥアルドさん、マメンさん、楽しいひとときをありがとう！

次のバルへ。この店のエビのフリットがお気に入りのエドゥアルドさん。行く先々で知り合いに出会う。そこで一杯やりながら近況を報告しておたがいの情報をアップデートするのも、バルではよく見られる光景。

45

La Cuchara de San Telmo

ラ・クチャーラ・デ・サン・テルモ

小皿系ピンチョスを堪能しよう

Risotto cremoso（クリーミーなリゾット）4€。

　8月31日通りからほんの少し入った場所にある人気店。カウンターには一切ピンチョスがなく、すべてオーダー方式です。黒板の手書きメニューは、くせのある書体で読みにくいかもしれません。あらかじめ食べたいものをメモしていくか、先客が食べているものを指さしで注文しましょう。リゾット、タコのプランチャ（ソテー）、フォアグラ、牛頬肉の煮込みなどがおいしい。ピーク時の混み合った店内で食事をするのは避けたいという人は、開店と同時に入るのがおすすめです。混むとカウンターにたどり着くのも困難なほどで、食べたいものがいくつか決まっていたら一度に注文を。ピンチョなのかラションなのかサイズも伝えて。でき上ったピンチョスを受け取る際に、支払いも済ませたほうが時間の無駄になりません。

Cochinillo asado（子豚のロースト）6.50€。

Navajas Gallegas（ガリシア地方産のマテ貝）12€。

シドラは、高い位置から注いで空気を混ぜると味がやわらかくなる。

Calle Santa Corda 4, San Sebastián／☎943 441 655
🕐 12:30〜15:30、19:30〜23:30、
　火曜19:30〜23:30、月曜休
MAP💠P.32 [A-2]

Bar Txepetxa
バル・チェペチャ

12種類あるアンチョアのピンチョス

上・魚の形がかわいいメニュー。別途全ピンチョスの写真つきメニューもある。／左・とくに人気の高いウニとカニクリームのトッピング。冷えたチャコリとの相性は最高。

「アンチョアのバル」といえば店の名前が真っ先にあがる、3世代にわたって家族経営されている老舗です。アンチョア（カタクチイワシ科の魚）の酢漬け11種と塩漬け1種にいろいろなトッピングを組み合わせたピンチョスが食べられます。オープンレシピの食文化があるバスク地方ですが、この店でレシピの詳細を知っているのはオーナーシェフとその家族だけだそう。時間をかけ試行錯誤して完成させたアンチョアの定番ピンチョス12種は、クラシックなマリネタイプからブルーベリージャムと組み合わせたものなどちょっと挑戦的なものまで。とくにおすすめは、ウニ、カニのクリーム、マスの卵、刻みピーマンのせなど。酢漬けの酸味が苦手ならジャムのせを試してみては？ アンチョア以外に、クロケッタスやイカのフリットなどのピンチョスもあります。

上・アンチョアスをベースにした味の組み合わせが、何通りも食べくらべできる楽しみがある。どれも2.80€。／右・奥のテーブル席。壁にはピンチョスのコンテストの賞状や、店を訪れた著名人の写真が飾ってある。

Calle Pescadería 5, San Sebastián／☎943 422 227
https://www.facebook.com/bartxepetxa/
🕐 12:00〜15:00、19:00〜23:00、
　火曜19:00〜23:00、日曜12:00〜15:15、月曜休
MAP♣P.32［A-2］

Zumeltzegi
スメルツェギ

種類豊富な前菜、メイン、デザートが選べるレストランのコースメニューもおすすめ。平日のランチ29€、ディナー、週末、祝日35€（パン、水含む）。

魚介の串焼きがとくにおいしい！

Brocheta de rape y gambas（アンコウとエビの串焼き）4€。ほかにエビと生ハムの串焼きなども。

上・シンプルなイカ焼きは素材のよさと火入れ加減が決め手。／下・フォアグラとキノコのピンチョ3.20€は注文後にグリルして提供される。

ガンダリアス（P.44）が肉類の串焼きなら、こちらは魚介類とキノコの串焼きがおすすめ。注文してから焼き上がるまでは、カウンターに並ぶピンチョスをつまんで待ちましょう。タラ、フォアグラ、クロケッタス、トルティーリャなど、価格が控えめなのもうれしい。

　店内は白を基調にした明るい雰囲気で、バルスペースにはテーブル席もあり、他店とくらべるとゆったりしています。地下階のレストランでは、少しモダンにアレンジした伝統料理をリーズナブルに提供しています。魚介のスープ、イベリコ豚の生ハム、子羊のローストなどを含むコスパのいいコースメニューも。人気店なので、レストランでの食事は開店時間に行くか予約したほうが確実です。

カウンターに料理名と価格が表示されているのでわかりやすい。指さしで注文できて便利。

Calle Fermín Calbetón 15, San Sebastián
☎943 428 210
https://www.restaurantezumeltzegidonostia.com
🕐11:30〜15:30、
　19.00〜23.30（金土曜24:00）、
　日曜12:00〜16:00、19:00〜23:00、
　木曜休
MAP🍴P.32［A-2］

Salpicòn de bogavante（ロブスターのマリネサラダ）4.80€。

Casa Urola
カサ・ウロラ

洗練された小皿系ピンチョス

左・Tartaleta de hongos 2.60€。サクサクのタルトにキノコ、松の実、イディアサバルチーズが詰まった定番ピンチョ。／右・白ニンニク、ナッツ、コーヒーのビナグレットを加えた、ホタテのピンチョ4.90€。

このバルのおいしいピンチョスにはやはりチャコリを合わせたい。

Calle Fermín Calbetón 20, San Sebastián
☎943 441 371
https://www.casaurolajatetxea.es
🕐 バル12:00〜15:30、19:00〜23:30、
　　レストラン13:15〜15:30、
　　20:15〜22:45、火曜休
MAP ✤ P.32 [A-2]

バルが立ち並ぶフェルミン・カルベトン通りのなかではめずらしい、ちょっとエレガントな外観の店。1956年創業で、オーナーのパブロ・ロウレイロさんは3代目。旧市街で飲食業を営んできた家族のもとで学び、市内の他店で経験を積んだ後、2012年からこの店のシェフに。バスクの伝統料理を基本にしながら、クリエイティブなメニューの数々を提供しています。とくに春はホワイトアスパラガス、初夏にかけては涙豆など、旬の食材を使った一品が格別。松の実とキノコとイディアサバルチーズのタルト、頬肉の赤ワイン煮込みなどもおいしい。また、料理に合うチャコリやワインの品ぞろえも豊富。1階がバルスペースになっていて、少しですがテーブル席もあります。ゆっくりアラカルト料理を楽しみたいなら2階のレストランへ。

落ち着いた雰囲気の店構え。旬の季節には2階のレストランで涙豆が食べられる。

Ganbara
ガンバラ

焼きキノコの盛り合わせが大人気

キノコのうまみ、香り、歯応えを楽しむ一品。単品または数種の盛り合わせで。21.80€。

右・Rape y langostino(アンコウ、エビ、ジャガイモのピンチョ)5.90€。／下・カニのタルト3€。注文すると焼いて出してくれる。

季節ごとに種類がかわるキノコ類や旬の野菜が山積みのカウンターは、この店のシンボル。

旧市街にある老舗バル・マルティネスの創業者の息子ホセ・イグナシオ・マルティネスさんが、1984年にオープンした店。昔は地元の人たちが集う普通のバルでしたが、年々評判を上げ、今ではこの町を訪れる観光客のほとんどが立ち寄るほどの人気店に。サン・セバスティアンでのバルめぐりのミッションリストのトップに、この店の焼きキノコをあげる人も少なくありません。

バルのカウンターには何種類ものキノコやアーティチョーク、ホワイトアスパラガスなど季節の野菜が山盛りにディスプレーされていて、まずその光景にテンションが上がること間違いなし。カウンターにぎっしりと並べられた数々のピンチョスにも食欲をそそられます。平日でもすぐに店内がいっぱいになり、店の外まで人があふれる時もあるので、開店時間に合わせて早めに行きましょう。

Calle San Jeronimo 21, San Sebastián
☎943 422 575
https://www.ganbarajatetxea.com
🕐12:30〜15:30、19:00〜23:00、
　日曜12:30〜15:30、月曜休
MAP🧭P.32 [A-2]

Gorriti
ゴリッティ

ボケロネスのピンチョとチャコリの相性は素晴らしいのでぜひお試しを。

早朝からピンチョスを味わえる

上・人気のピンチョスはどんどん減っていくけれど、すぐに大皿ごと追加が出てくる。／下・Cabeza de jabalí 2.70€。豚頭部の加工肉とオリーブ、ピクルスなど。

1921年創業の老舗。ブレチャ市場前のとてもわかりやすい場所にあり、ほかの店がまだ開いてない早い時間帯から営業しています。サン・セバスティアン到着が早朝の時やホテルの外で朝食をとりたい時、早い時間からバルめぐりをスタートしたい時などなにかと助かる店。スタッフはとてもフレンドリーで、いつも笑顔であたたかく迎えてくれます。昔から市場関係の人たちや早起きの地元の人たちが頻繁に出入りしているので、午前中は「生活圏のど真ん中にあるバル」という地元感も味わえます。

ヒルダや酢漬けタイプのピンチョスの種類がとくに豊富で、人気の一品はボケロネス（アンチョアの酢漬け）にラズベリージャムとクルミをのせたもの。でき上がったピンチョスを盛った大皿が次々にカウンターに出てくるのも見ていて楽しい。

少しだけなにかつまみたい時にちょうどいいタコのマリネ2.70€。

Calle San Juan 3, San Sebastián
☎943 428 353
⏰7：00～22：00、日曜休
MAP♦P.32 [A-2]

Zazpi STM
サスピ・サンテルモ

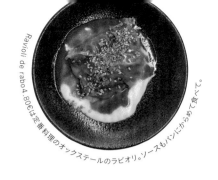

Ravioli de rabo4.80€は定番料理のオックステールのラビオリ。ソースもパンにからめて食べて。

進化したひと皿に出会える

新市街にあったバル・サスピが、2021年に旧市街にあるサン・テルモ博物館併設のバルに生まれ変わり、新たにサスピ・サンテルモとしてオープンしました。スロアガ広場に面したテラスや屋内のゆったりしたバルスペースでは気軽にピンチョスやシェアできる料理を、レストランスペースでは落ち着いた雰囲気で食事を楽しめます。

バスク料理の伝統を尊重しながら、新しいアプローチを取るというのがこの店のコンセプト。オーナーシェフのパウル・アリアガさんは星つきレストランでの豊富な経験をいかし、若く意欲的なチームスタッフのサポートを受けながら、ここでしか味わえない特別な料理を提供しています。博物館を訪れた後や、旧市街の喧騒から離れてリラックスしたい時には、カフェとしても利用できるのでとても便利です。

Plaza de Zuloaga 1, San Sebastián
☎ 943 506 767／https://www.zazpistm.com
🕐 バル10:00〜24:00（火日曜19:00）、
　レストラン12:00〜15:30、20:00〜23:00、
　火日曜12:00〜15:30、月曜休
MAP 🧭 P.32［A-2］

上・Vieira, pochas e hinojo6€。ホタテとポチャ豆とフェンネルを組み合わせた一品。／右・ちょっと立ち寄りたい時に便利なバルスペース。奥に低いテーブル席もある。

左上・落ち着いた雰囲気のレストランスペース。／左・バルの入り口は博物館新館（グレーの建物）の右端にある。

ぜひ食べにきてね

レストランもよろしく！

Urgulleko Polboriña

ウルグレコ・ポルボリーニャ

絶景が見渡せる穴場バル

サン・セバスティアンに数ある
テラス席のなかでもとくに私
のお気に入り。ドリンクはビー
ル2.50€、ワイン1.50€〜な
どリーズナブル。英語メニュ
ーもある。

この看板がバルの目印。横の
階段から小道へと下りていく。

　モンテ・ウルグルにあるとてもながめのいいバル。店名
はバスク語で「ウルグルの火薬庫」を意味します。かつてモ
ンテ・ウルグルのモタ城が要塞だったころ、砲撃用の火薬
庫として使われていた石づくりの小屋が残っていて、その
再生計画コンペで優勝した若者たちがはじめたバルです。

　上り坂の勾配が多少きついかもしれませんが、歩く距離
はそれほど長くありません。屋外席の目の前に広がるコン
チャ湾やサン・セバスティアンの街並み、遠くの山々など
をながめながら飲むビールやモヒートは格別で、疲れが一
瞬で吹き飛びます。オリーブ、フライドポテト、サンドイッ
チ、チキンラップなどの軽食もあります。春から秋にかけ
ての天気のいい日に訪れるのがおすすめで、とくに夏は夕
暮れ時が人気です。

モヒート7€、バスクの若者に人気のカリモチョ
（赤ワインのコーラ割り）3€。

Subida Castillo, San Sebastián／https://www.instagram.com/urgullekopolborina/
🕐 1〜3・11・12月土日曜11:00〜19:15、月〜金曜休、4〜9月11:00〜20:45、無休（ただし雨天の日は休業）　※雨天の日は休業
※モンテ・ウルグルへ上るルートは複数あり。旧市街のスロアガ広場にあるサスピ・サンテルモ横の階段を上り、遊歩道の Andereño E.
Zipitria を進む。さらに Monte Urgull を通り、Gaztelubide をモタ城を右に見ながら進んで行くのがいちばんわかりやすいルート
MAP 🍴 P.32［A-1］

観光客も地元の人たちも居心地よく過ごせるのは、フレンドリーなスタッフの気配りのおかげ。

Antonio Bar
アントニオ・バル

地下のダイニングルームは食通の秘密基地のような雰囲気。

あれもこれも食べてみたくなる

　ウレペル（MAP✿P.32 [A-2]）やアケラレ（P.28）といった市内の有名レストランで勤務経験のあるシェフ、ホセ・ラモン・エスクルディアさんを2012年に迎えて以来、メニューの幅がぐんと広がりました。ちょっと味気ないシンプルな外観のせいで、知らない人は通り過ぎてしまうかもしれませんが、ちょっと待って。ていねいにつくられたクオリティーの高い料理は、一度食べたらリピート確実です。

　トルティーリャなどのピンチョスは2.10€〜。春から初夏の旬の時期には、涙豆をラションで食べられます（時価）。外まで人があふれていても店内には隙間があることも。外からもよく見えるので確認してみましょう。地下には小さなレストランスペースとガラス張りのワインセラーもあり、なかに入れば入るほど驚かされる店です。2022年にブールバール店を旧市街にオープンしました。

上・レストランで供されるArroz meloso con gamba de Palamós（パラモス産のエビ入りスペイン風おじや）24€。／左・Los guisantes lágrima。高級食材の涙豆は半熟卵をからめて食べる。

54

上・アンチョア、ツナ、ギンディージャ、トマトのコンフィを重ねたピンチョ、Igueldo（イゲルド）3.50€。／左・Raviolis de cigala en salsa martini（クルマエビのラビオリ、マティーニソース）5€。

上・揚げラビオリのオックステール詰め5€は、赤ワインのおつまみに。／左・玉子の半熟具合が絶妙なジャガイモのトルティーリャ。売り切れてなければぜひ食べてみて。

Calle Bergara 3, San Sebastián ／☎943 429 815
https://www.antoniobar.com
◯9:00～23:00（金土曜24:00）、日曜休
※キッチンオープン時間は11:30～16:00、19:00～23:00／MAP❖P.33［B-3］
【Antonio Boulevard（アントニオ・ブールバール）】
Calle Mayor 2, San Sebastián ／☎943 187 439
◯9:00～24:00（金土曜翌1:30）、無休／MAP❖P.32［B-2］

Casa Vallés
カサ・バジェス

おいしそうな生ハムを見るとつい手がのびてしまう。

元祖ピンチョのヒルダが生まれた店

　1942年創業の歴史ある店。元祖ピンチョのヒルダはこのバルが発祥といわれています。レトロな文字の看板、高い位置に備えられたカウンター、木製の長テーブルで食事する地元の人たち。最近少なくなった典型的な古きよきバルの姿が、ここにあります。みんなが頼んでいるのはトルティーリャやクロケッタス、カラマーレスなどバルの定番メニュー。創作系ピンチョスはありません。ほかに具の種類が豊富なボカディーリョ、ミートボールやチョリソの煮込みなどの一品料理もいろいろあります。ファンさんはこの店でトルティーリャを25年以上焼き続けているベテランスタッフ。名人がつくるタラのトルティーリャは、1時間半炒めた玉ネギの甘味とタラの塩加減が絶妙。ぜひ味わってみて。

こんなふうにフォークが刺してあるのは、運ぶ時に皿から落ちないようになのかも？トルテイーリャ各種2.50€〜。

Calle Reyes Católicos 10, San Sebastián
☎943 452 210／https://barvalles.com
🕐11:30〜23:00（日曜16:30）、月曜休
※ キッチンオープン時間は11:30〜16:00、
　18:30〜22:30（金土曜23:00）、
　日曜11:30 〜16.00
MAP🍴P.33 [C-3]

買いものや散策途中の休憩に、コーヒーだけ飲みに入ってもいい。

ヒルダはどこにでもあるピンチョだけれど、ぜひ発祥の店で食べてみて。2.40€。

繁忙時にもマルチタスクを黙々とこなすベテランがいると安心。

Mala Gissona Beer House Gros

マラ・ギソナ・ビア・ハウス・グロス

多彩な味を飲みくらべてみよう

バスク地方ではとくに若い世代を中心に
ビールの人気が高まっていて、クラフトビー
ルの種類も多くなり、味わえる店も増えてい
ます。サン・セバスティアン近郊のオイアル
ツンに醸造所を持つマラ・ギソナは、2015年
にグロス地区にビア・ハウスをオープンしまし
た。ここでは、12種類の樽生ビールと150種
類以上の瓶ビールが楽しめ、地元産の食材
を主に使用したフードメニューも提供されてい
ます。野菜がたっぷり食べられるシーザーサ
ラダやおいしい鶏手羽は、ふたりでシェアす
るのにぴったりなボリューム。ビールの種類
が多すぎてどれを選べばいいか迷ったら、ス
タッフおすすめの4種飲みくらべセットを注文
してみるのもいいでしょう。店内、テラスとも
にゆったりした雰囲気で快適に過ごせます。

左・瓶ビールは種類により
3€前後。近隣のスーパーで
も手に入る。/右・カクテル
Etxeko4.50€。ビールに週
替わりのジュース（写真はベ
リーとオレンジ）加えたもの。

タップから注がれるビール
をつい見たくなる。スモール
サイズ2€〜。

バルめぐりでの野菜不
足が解消できるシーザ
ーサラダ11.50€。

上・Zurito（スモールサイズ）を4種類頼むと10％割引になる。 自
分で選んでもいい。/下・Alipas de pollo 9.50€。最高にビールに
合う、少しスパイシーな手羽の唐揚げ。

Calle Zabaleta 53, San Sebastián
☎943 045 615
https://www.instagram.com/malagissonagros/
◷13:00（土日曜12:00）〜24:00、無休
MAP❀P.33 [A-4]

Bar Bergara

バル・ベルガラ

ピンチョス文化の先駆者として

　1950年開業の老舗。80年代半ば、この店を筆頭にグロス地区にある数軒のバルが創作ピンチョスを出しはじめました。それまで存在しなかった小皿系の新作を、当時の女性シェフが数多く発案。ほかに類のないピンチョスは評判を呼び、人気作は店の定番になりました。また、今でこそどのバルでもグラスで上等なワインやカバを飲めますが、それをはじめたのもこの店なのだそう。

　カウンターに並ぶ「冷たい」ピンチョスと、オーダーメニューの「あたたかい」ピンチョスの味とバランスのよさ、いつも感じのいい接客、そして明るくスペースに余裕のある店内。安心して利用できるので、繰り返し顔を出したくなります。旅行客にも大人気ですが、変わらず地元の人にも愛されているのが名店の証拠。日本語メニューもあります。

老舗なのに古くさくない、誰にでもおすすめできるバル。春と秋の休暇期間はSNSで確認を。

日々の試作から生まれた定番ピンチョスの数々。イラストメニューもこの店独自のもの。

上・アンチョアのオムレツ4€。1人前でも注文してから焼いてくれる。／左・人気メニューのTxalupa（エビとキノコのグラタン）3.50€。

アリオリソースを添えたFideuá（フィデワ）5€。魚介のうま味がしみているパスタのパエリャ。

Gratinado（ラタトゥイユとキノコのグラタン、アリオリと生ハム添え）3.50€。

スモークサーモンとアボカドのピンチョ。

冷めないうちにどうぞ

Txopito3.50€。小イカと玉ネギのキャラメリゼは、驚くほど相性がいい。

Calle General Artetxe 8, San Sebastián
☎943 275 026／https://pinchosbergara.es
🕐10:30〜23:00、日曜10:30〜16:00、
　18:30〜23:00、水曜休、春と秋に休暇あり
MAP🔶P.33［A-4］

Casa 887
カサ 887

フュージョン料理に情熱を注ぐ

　オーナーシェフのアントニオ・ベロッティさんは20歳でブラジルを離れ、サン・セバスティアンへ。ルイス・イリサール料理学校を経て、料理専門大学であるバスク・クリナリー・センターの前衛料理修士課程で学び、その後いくつかの著名なレストランで勤務経験を積んだ若手シェフです。地元の食材と技術をいかし、これまで学んできた数々のレシピを現代風にアレンジし、彼独自の感性と創造性が込められた質の高い料理を、カジュアルな雰囲気の空間で堪能できます。その結果、この店の人気は急速に広まりました。国境を超えたさまざまな料理がメニューに並び、選ぶ時はワクワクします。奇抜すぎず、やさしい味わいのフュージョン料理は期待どおりのおいしさで、かなり満足度の高い食事の時間を楽しめます。デザートを含む6品の看板料理コースメニューは85€。

カカオが濃厚なチョコレートとピスタチオのアイスクリーム。

パンもとてもおいしいので食べ過ぎにご注意を。

モダンなインテリアのダイニングルームが複数あり、人数によって違った空間が楽しめる。

クモガニのダンプリング。モチっとした生地に凝縮されたカニのうま味が詰まっている（料理の写真はすべてアラカルトメニューのもの）。

上左から／少しピリ辛で適度な酸味もあるタイ風アサリのスープ仕立て。／リガトーニのカルボナーラにたっぷりの黒トリュフをトッピング。／アーティチョークにオランデーズソースをかけてグリルしたもの。

地中海産マグロのペルー風ティラディート。とろみのあるソースが添えてある。

Calle Gran Via 9, San Sebastián ／☎943 321 138／https://www.grupo887.com
🕐 13:00～16:00、20:00～23:00、火曜20:00～23:00、日曜13:00～16:00、月曜休／英語メニュー ○
MAP❖P.33［A-4］

La Guinda

ラ・ギンダ

明るくかわいらしい屋内席、開放的なテラス席、どちらも快適に飲食を楽しめる。

「自分がやりたかった仕事をサン・セバスティアンで実現できてうれしい」とロミナさん。

グ ロ ス 地 区 に 新 風 を 吹 き 込 ん だ

　それまで「かわいい」をコンセプトにした店がほぼなかったスペインバスクに、忽然とあらわれたおしゃれなカフェ&レストラン。オーナーのロミナさんはアルゼンチン出身で、近郊の町にある3ツ星レストラン「マルティン・ベラサテギ」(P.28)での修行を経て、2012年にグロス地区にこの店をオープンしました。故郷を離れた彼女が、旅を続けながら体得してきた「国籍を問わない料理」を提供しています。朝食、ブランチ、ランチ、コーヒータイム、夕食と1日中どの時間帯に訪れても楽しめる店です。最近、とくにグロス地区に増えているコスモポリタンな飲食店の先駆け的存在。

　新鮮な食材をいかしたメニューや自家製の焼き菓子は、どれもおいしそうで目移りします。午後1時から3時のランチタイムは日替わりメニューが人気で混みがちなので、予約をおすすめします。

お通し的なカボチャのポタージュ。ほっとするやさしい味。

左・チキンカツのコールスロー添え。人気の日替わりメニューは3品で16€。／右・とてもクリーミーな前菜の魚のテリーヌ。パンに塗って食べる。

上・日替わりランチメニューのデザートもおいしいけれど、単品で頼むレモンパイも捨てがたい。またコーヒータイムに行かなくては！／下・アペリティフの「カウサ」というペルー風マグロ入りポテトコロッケ、パプリカソース添え。

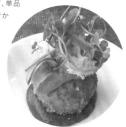

Calle Zabaleta 55, San Sebastián
☎ 843 981 715／https://www.laguindadelicoffee.com
🕐 8:30〜23:00（金曜23:30）、土曜9:00〜23:30、
　日曜9:00〜17:00、月曜休
英語メニュー ×／MAP 🍀 P.33 [A-4]

サン・セバスティアン郊外

Casa Julián
カサ・フリアン

熟成肉の骨つきステーキを食べるなら

　おいしいチュレタ（熟成肉の骨つきステーキ）を食べてみたい！という人は、少し足をのばしてトロサの町に行きましょう。サン・セバスティアンから内陸に向かって列車で30分ほどです。店の間口はせまいのですが、奥へ進むとやや薄暗いダイニングルームがあり、まるで田舎の隠れ家のような独特の趣があります。チュレタがメインディッシュなので、ほかには付け合わせの野菜料理や軽くつまめるものが数点ある程度。一見少ないようですが、実際行ってみると、「肉に集中したいから、ホントにほかのものはいらない」と納得できます。チュレタはバスク内にあるあちこちの店で食べられますが、ここまでわざわざ行く価値があるのは、最高の肉をいちばんいい状態まで熟成させ、最適な火入れで焼き上げるから。人気店なので、予約を忘れずに。

Calle de Sta Klara 6, Tolosa
☎943 671 417／https://casajulianmg.com
🕐13:15〜15:30、金土曜13:15〜15:30、
　20:45〜22:30、月曜休
英語メニュー ○／MAP🧭 P.7

Access
RENFE San Sebastián駅から普通列車で約30分、Tolosa Centro駅で下車。徒歩約8分。またはサン・セバスティアンからタクシーで約35分

右・小ぶりなナバラ州産のビキージョピーマンのグリル16.50€。ほんのり甘味がありチュレタと相性抜群！

上・かみしめるたびに香りが口に広がり、身体の栄養分になっていくように感じるおいしさ。79€/kg。／左・まず強火で外側を焼きうま味を閉じ込める。網が斜めなのは脂がよくまわるようにするため。

楽しく学べる
おしゃれな料理教室

　バスクならではのピンチョスや郷土料理を自分でもつくってみたいという人は、料理教室の1日レッスンを受けてみては？5ツ星ホテルのマリア・クリスティーナの地下にある料理教室では、高品質な旬の食材を使い、ミシュランの星つきレストランレベルの料理づくりまで体験できます。旅行者でも気軽に参加できるアクティビティとして企画、構成してあるので、フレンドリーなシェフの指導通りに動けば自宅ではなかなかつくれないような料理が次々とでき上がっていきます。料理に合わせたチャコリやワインを飲みながら、その日集った人同士、一緒に料理をして同じテーブルで飲食を楽しむ「Txoko（チョコ）」というバスクの伝統的な習慣が基本のコンセプトになっています。

こんなにおしゃれな涙豆の料理もサッとできてしまう。レシピは後日メールで受け取れる。

上・年齢も国籍もさまざまな人たちが参加。英語が堪能な先生がジョークも交えながら教えてくれる。／下・この日は星つきレストラン級のコース料理を体験。一品できるごとにここで食べて飲む。

ホテル玄関の左手、地下への階段が料理教室の入り口。

Mimo Bite the Experience
ミモ・バイト・ジ・エクスペリエンス

Calle Okendo 1, San Sebastián
☎943 062 018
https://mimo.eus/cooking-classes
【料金】ピンチョスクッキングクラス150€（所要5時間）、ミシュランクッキングクラス195€（所要5時間）、ほか
※ホームページから要予約
MAP ✿ P.33 [B-3]

楽しく料理をつくりましょう！

ぜひ来てくださいね！

サン・セバスティアン旧市街の台所

旬の野菜や果物はとてもおいしいので、トマトやネクタリンを数個買ってみては。

現在のブレチャ市場の建物は、1870年に建てられたネオ・クラシック様式の外壁を保ちつつ2000年に改装されたもの。地上はショッピングセンターになっていますが、地下には精肉、肉加工品、魚介、野菜、果物などを扱うたくさんの小売店とスーパーがあり、生ハムやおみやげになりそうなオリーブオイルなども買うことができます。切り身になっていない丸ごとの魚が並ぶ鮮魚店のディスプレーも独特で見応えがあります。

屋外には午前中のみ近隣の農家の人たちが、野菜や果物、花などを直接販売するスタンドが並びます。市場は地元の人たちの食生活を支える大事な場所。活気にあふれる売り場で市民の日常を垣間見ることができます。またブレチャ市場には一般の人たちだけではなく、各飲食店のシェフたちも新鮮で品質のいい食材を求めてやって来るそうです（2024年1月初旬現在、改装工事中。入り口など変更される可能性あり）。

上・メルルーサやアンコウはじめ、カニ、エビ類などバスクで食べられる魚介の種類は豊富。／左・市場の入り口はこの建物の裏手広場に。

Mercado de la Bretxa

ブレチャ市場

Plaza la Bretxa, San Sebastián
☎943 430 336
https://bretxa.eus
⊙ 8:00 ～20:00、日曜休
※各テナントにより営業時間は異なる
MAP 🔗 P.32 [A-2]

市場で70年間魚売りをしていたアンドレアさんの肖像画。

オリーブ製品専門店
Bretxoliva
ブレチョリバ

どれにするか悩ん
だら何種類も入
っているオリジナ
ルミックスを。

上・試食して好みのオリーブを
選べる。黒や濃い緑のものも試
してみて。表示価格はkg単価。
／右・オリーブオイルのさまざま
なパッケージデザインを見られ
るのも楽しい。

おみやげに上質なスペイン産のオリーブ
オイルを買いたいという人におすすめ。品
数が豊富でサイズもさまざまです。オリーブ
オイルはもちろん、塩漬けや酢漬けのオ
リーブの実も試食OK。つまみだしたら止ま
らなくなるおいしさです。量り売りを少し
買ってホテルで食べるのもあり。真空パック
にしてもらい日本に持ち帰ることもできます。

Mercado de la Bretxa, San Sebastián
☎661 663 897
🕐 8:00～14:00、15:00～20:00、
　　土曜8:00～14:00、日曜休

いつもていねいに対応してくれるマヌエルさんとアウレリアさん夫妻。

おいしい生ハムを買いたいなら
Jesús María Brusau
ヘスス・マリア・ブルサウ

生ハムの区別の仕方は、Jamón（ハモン）は後
ろ足、Paleta（パレタ）は前足。

　オーナーにすすめられたイベリコ
豚の生ハムを試食すると、口のな
かでとろけるおいしさ！ 食べたら買
わずにはいられません。イディアサ
バルチーズをはじめチーズも充実
しています。生ハムやチーズを少
量買い、市場内にあるパン屋のバ
ゲットにはさんで、ボカディーリョ
をつくって食べてみても◎。

Mercado de la Bretxa, San Sebastián
☎943 421 172
🕐 8:30～14:30、16:30～20:00、
　　土曜8:30～14:30、日曜休

※ハムやサラミなどの肉製品は
　日本へ持ち込めない。現地で味わおう

数あるチーズのなかから厳選して販売。山
小屋で生産されたイディアサバルチーズ
は、ラベルにその場所と生産者の署名が入
っている。

Chocolates de Mendaro

チョコラテス・デ・メンダーロ

生クリーム、チョコプラリネ、コーヒー、ラム酒入りなどのトリュフ。くちどけのよさが人気。

クラシックな手づくりチョコレート

詰め合わせではなく、ほしいものを選んで買うこともできる。少量からの量り売り。

　サン・セバスティアンとビルバオのちょうど中間あたりに位置する
メンダーロという町に、1850年創業のチョコレート工房があります。
なぜ辺鄙な山間の小さな町でチョコレートづくりがはじまったのかと
いうと、その昔、大型の貨物船で南米から運ばれてきたカカオ豆は、
外海の港でほかの船に積みなおされ、川を上ってここまで運ばれて
いたそうです。当時は河川輸送が陸路より盛んだったからでしょう。

　メンダーロのチョコレートは、大規模な工場生産のものとは違う
手づくりならではのやさしい味わい。ボンボンとトリュフがとくにお
すすめです。サン・セバスティアンのほか、ビルバオにもある直営
店（MAP❖P.97 [B-3]）で購入できます。またメンダーロの工房は見
学が可能で（事前申し込みが必要）、チョコレートの歴史や昔からの
つくり方、現在の様子までくわしく説明してもらえます。

Etxaide 6, San Sebastián
☎943 424 804
https://www.chocolatesdemendaro.com
🕐 10:00〜13:30、16:30〜20:00、
　　土曜10:00〜13:30、日曜休
MAP❖P.33 [B-3]

【メンダーロの工房】
Azpilgoeta 21, Mendaro
☎943 755 115
🕐 9:30〜19:30、
　　土曜10:30〜13:30、日曜休
MAP❖P.7

カカオ豆を石臼でひき、木の
ローラーですりつぶしなが
らペースト状にねっていく。

68

Otaegui
オタエギ

伝統菓子パンチネタ発祥の店

　1886年創業の老舗菓子店で、現在は3代目のマリア・オタエギさんが経営しています。支店もいくつかありますが、旧市街のナリカ通りにある本店に行ってみましょう。クラシックな店構えはとても趣があります。マリアさんのおばあさんが発案したというパンチネタは、今やガトー・バスクと並んでスペイン側の代表的なバスクの焼き菓子。原材料はパイ生地、アーモンド、新鮮な卵と牛乳でつくったカスタードクリーム、バター。そしてこの店ならではの秘伝のコツもあるそう。

　パンチネタはつくられた当日がいちばんおいしいですが、2日ほど経ったものはオーブンやトースターで少しあたためるといいそう。ほかにマフィンやプラムケーキ、クッキー、クリスマスのお菓子トゥロンなども販売しています。

上・パンチネタ1個3.70€。サクサクのパイ生地にしっとりしたカスタードクリームが◎。／左・フランスではガトー・バスク、スペインではパステル・バスコという。3€。

レトロなラッピングになぜか心をくすぐられる。

ホテルの部屋でのおやつタイムに。食べてみたいものを少量ずつ頼んで包んでもらおう。

バスクの伝統菓子ではないチーズケーキがブームによって名物化。老舗菓子店でも販売されている。3.70€。

Calle Narrika 15, San Sebastián ／ ☎943 425 606
https://pasteleriaotaegui.com
🕘 9:30〜14:00、17:00〜20:30、日曜9:30〜20:00、月曜休
MAP ➡ P.32 [A-2]

69

Lukas Gourmet Shop

ルーカス・グルメ・ショップ

フランスバスクまで行けない場合も、ここでバスクリネン製品が手に入る。

5ツ星ホテル内の高級食品＆雑貨店

ホテル・マリア・クリスティーナ内にあるグルメショップ。2021年に運営会社が変わりましたが、商品ラインナップのコンセプトは変わらず、料理好きな人やおいしいものに目がない人がよろこぶ高級感のあるクオリティーの高い食品が整然と並んでいます。地元バスクでつくられた食品を中心に選びぬかれたものばかりでありながら、価格は比較的リーズナブルなのもうれしい。チャコリやシドラはもちろん、スペイン各地のワインやシェリー酒、イベリコ豚の生ハム、オリーブオイル、アニャナの塩（P.130）、エスプレットのトウガラシ製品（P.167）なども。バスクリネンやバッグなど雑貨もあります。自分用に、おみやげ用にほしくなるものがたくさんそろっているので、買いものの時間があまりない時などにも便利です。オリーブオイルなどは試食できるものもあるので、気軽にスタッフにたずねてみましょう。

ファッション雑貨店をいくつもまわらなくても、選りすぐりのアイテムに出会えるのでのぞいてみて。

Hotel Maria Cristina / Paseo República
Argentina 4, San Sebastián
☎943 062 392
https://lukasgourmet.com
🕐 10:00～14:00、15:00～20:00、
　日曜10:00～14:00、無休
MAP ➡ P.33 [B-3]

迷ったらフレンドリーなスタッフにおすすめ商品を聞いてみよう。

アニャナの塩田のフレークソルト。価格はサイズによって4.10〜7.50€。

Katxiñaのチャコリ7.95€(左)、Txomin Etxanizのチャコリ・ロゼ9.20€(右)。

人気の高いイチジクのチョコレートボンボン8個入り9.85€。

メルルーサのココチャス(顎身)のオリーブオイル漬け13.50€。

丸ごと食べても、刻んでサラダや料理に使ってもいいギンディージャの酢漬け。

樹齢1000年のオリーブの木からとれるエキストラバージンオイル8.75€。

カモのフォアグラのパテ350g39.75€。

イワシの缶詰を模したチョコレート。おみやげによろこばれそう!

プレーン、スモーク、スパイシーなど味が選べるオイルサーディン各種7.80€〜。

サン・セバスティアンの老舗バッグブランド、TheBAGLabのコレクションも。

Luque Pastelería Gourmet
ルケ・パステレリア・グルメ

理想的なクロワッサンと出会える

上・上質な素材を使い、繊細にていねいにつくられたバターたっぷりのクロワッサン。ひとつ1.60€。／左・ホワイトチョコレートのムースとレモンクリームをビスキュイにのせたCítricos4.60€。店内でも食べられる。

ユニークな形をしたとても軽い口当たりのティラミス4.60€。

　このパン屋の存在を知って、「私もサン・セバスティアンのグロス地区に住めたらいいのに」と思ってしまいました。というのも、今までこの近辺においしいクロワッサンを買える店があまりなかったのです。バターたっぷりで、甘いコーティングをしていない私好みのクロワッサンに、やっとこの店で出会うことができました。併設の工房から随時追加されるクロワッサンなどのパン各種、甘さ控えめで上品な味わいのケーキやタルトの数々がショーケースに並んでいてとても魅力的。ケーキに使われる果物などは季節ごとに変わります。

　イートインスペースもあるので、淹れたてのコーヒーとともに味わうこともできます。住人気分で朝食に立ち寄るのもいいでしょう。

Calle Carquizano 9, San Sebastián
☎688 778 479／https://daniluquepasteleria.com
🕐9:00〜14:00、17:30〜20:30、日曜9:00〜14:00、月〜水曜休
MAP📍P.33 [A-4]

Cestería Iriondo

セステリア・イリオンド

パン屋の店先で。バスクの街角の風景にしっくりとなじんでいる栗の木のカゴ。

ほしかった栗の木のカゴが手に入る

　100年以上続く老舗のカゴ屋。旧市街の路地にあります。バルやレストランでパンカゴとして使われている丸型や、市場や食材店で野菜や果物を入れてディスプレーしている平型は、それぞれさまざまな大きさがあります。同じ形と大きさのものを数個そろえてもよし、サイズ違いを買って入れ子にしてもよし。なかになにを入れてどんなふうに使うか考えるのが楽しい。天然素材の手づくりのカゴなので、工場製品のようにどれも同じではなく、栗の枝のふしや描く曲線の具合に味があって飽きがきません。

　バスクでは古くから農業や漁業、運搬用として生活と密着した使われ方をしてきました。店に並んでいる新品と、街で使われているカゴをくらべると、使い込まれたもののほうがいい色合い、風合いになっているのがわかります。どれか家に連れて帰ってみては？

マルシェに行く時によさそうなカラフルなカゴバッグ19.95€。お弁当を持って公園にも行きたくなる。

Calle San Lorenzo 17, San Sebastián
☎ 943 422 976 / https://www.cesteriairiondo.com
⊙ 10:00〜13:30、17:00〜20:00、土曜10:00〜13:30、日曜休／MAP ✿ P.32 [A-2]

左・小ぶりなトートバッグタイプ34.95€。持ち手のストライプの色合いが素敵。／下・元々はパン、果物、卵などを入れていたカゴ。大きさにより10.95€〜。

羊乳をしぼってデザートをつくる
「カイク」という容器がモチーフ。

Alboka Artesania

アルボカ・アルテサニア

バスク旅の思い出になるものばかり

旧市街の中心部、憲法広場の角にある民芸品店。年配の夫婦が経営しているこの店には、バスクの文化やスポーツをモチーフにしたありとあらゆるバスクグッズがそろっています。最近は食器や陶器、木彫りの箱など地元の実用品だったものを、部屋のデコレーション用に買って行く人が多いそう。エプロンやクロスなどのリネン類、バスクの十字「ラウブル」や魔除けの花「エグスキロレ」をあしらったアクセサリーなどは、かさばらないのでおみやげにもいいでしょう。バスクのお祭りに登場する人形のミニチュアなど、はじめて見た時はなんだかちょっと不細工に思えたものも、買って帰って家でながめると、旅の余韻にひたれて愛着がわくかもしれません。

上・正方形のナプキン5€、長方形のキッチンクロス7€。／
下・魔除けのシンボル、エグスキロレ（アザミ科の花）をモチーフにしたペンダントトップ。ひとつ20€〜。

上・バスクベレー帽17€〜。地元の年配男性がかぶっているスタンダードな色は黒。／左・商品を購入するとこのショップバッグに入れてくれる。「バスクらしい」ととくに日本人客に人気だそう。

Plaza de la Constitución 8, San Sebastián
☎943 426 300 ／ https://albokaartesania.com
⊙10:30〜13:30、16:00〜20:00、
　日曜11:00〜15:00、無休
MAP❖P.32 [A-2]

Dott Donosti
ドット・ドノスティ

お気に入りのアイテムがきっと見つかる

バネッサ・ボレルさんが手がけた素敵なイラスト。ノートやカードなどのアイテムがある。

旧市街の路地にある小さなかわいらしい雑貨店。オーナーのジョジーナさんのセンスでセレクトされた品々がきれいにディスプレーされています。北欧などからの輸入雑貨や地元のアーティストの作品も多く取り扱っています。とくにブランカ・エチャルトさんがデザインする生地を使ったバッグやクッションカバーなどが目を引きます。サン・セバスティアンに徐々に増えつつある新しいタイプの飲食店同様、「ほかとは違う、今までこの町になかったような店」をつくりたかったそう。探しものがなくてもふらりと立ち寄ると、店内を見ているだけで楽しくなりつい長居してしまいます。誰かへのプレゼントを買いに行ったのに、ついでに自分のほしいものが見つかることも。素敵なものに囲まれる幸せな空間です。

上・ジョジーナさんセレクトのセンスのいい商品が絶えず入荷してくるので、立ち寄るのが楽しみ。／右・サン・セバスティアン出身のイケール・アイェスタランさんのイラスト、バスク漁師のトートバッグ。

右・生地とベルトの組み合わせがかわいいMi abuela Lilaの財布22.50€。／下・ブランカ・エチャルトさんデザインのラミネート生地でつくったキューブポーチ。

Calle Narrika 3, San Sebastián／☎608 084 591
https://www.facebook.com/Dottdonosti/
⏱11:00〜14:00、16:30 (土曜16:00)〜20:00、日曜休
MAP❖P.32 [A-2]

炭火焼きの魚介料理を食べるなら

Getaria ゲタリア

　人口2800人程度の小さな港町ですが、新鮮な魚介
類が食べられる炭火焼きレストランが立ち並び、人気を
集めています。またこのあたり一帯はバスクの白ワイン、
チャコリの生産地としても知られています。古くは中世の
頃から漁業が盛んで、捕鯨も行われていました。この町
出身のファン・セバスティアン・エルカノは、マゼラン船
団の指揮を引き継いで史上初の世界周航を成し遂げたこ
とで有名。役場前の広場には銅像が立っています。そこ
をスタート地点に、生活感あふれるマヨール通りを港へ
向かって歩いてみましょう。小売店などに混じって点在す
る飲食店からは、昼時になると魚を焼くいいにおいが
漂ってきます。この町では魚介料理といえば炭火焼きの
ことで、どのレストランも店の外に魚焼き場があり、専任
の料理人が腕をふるう姿が見られます。石畳の道をさら
に進んでいくと、目の前にネオ・ゴシック様式のサン・サ
ルバドール教会が。その建物の下を通るトンネルを抜け
ると港に出ます。さて、どの店で食事にしましょうか。

上・捕鯨が行われていた昔から
現代まで、バスクの重要な漁港と
しての役割を担っている。／右・
エルカノの銅像。乗組員200人
以上、生還者18人というきびし
い航海を成し遂げた。／下・食
材店や雑貨店に寄りながら、サ
ン・サルバドール教会に向かう
路地を歩いてみよう。

町をあげてのアンチョア祭り

ゲタリアでは毎年5月最初の週末に、アンチョア祭り(Antxua Eguna)が開催されています。初日の金曜に行ってみると、広場も兼ねているフロントン(バスクの球技ペロタの競技場)にアンチョア(カタクチイワシ科の魚)の炭火焼き、チャコリ、シドラ、ピンチョスのスタンドが設置されていました。シドラやチャコリはそれぞれ専用グラスを買えば飲み放題というシステム。アンチョア祭りのロゴ入りグラスは、記念に持ち帰れます。このスタンドは初日のみですが、土日曜も丸太割競技やレガッタ競技、民俗舞踊、コンサートなどのさまざまなイベントが行われます。

左・いったん祭りがはじまると休む間もない。慣れた手つきでひたすらアンチョアを焼き続ける。／上・炭火で焼いたアンチョアとシドラの組み合わせがおいしくて、おかわりの列へ再び並ぶ。

魚の焼ける香ばしいにおいがあたりに漂い、人で埋まる会場。

◎ ゲタリア中心部MAP

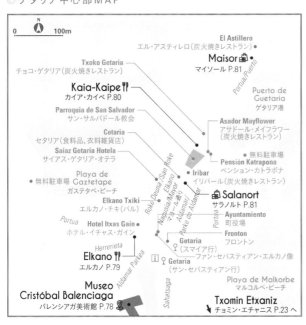

El Astillero
エル・アスティレロ(炭火焼きレストラン)

Maisor
マイソール P.81

Txoko Getaria
チョコ・ゲタリア(炭火焼きレストラン)

Kaia-Kaipe
カイア・カイペ P.80

Puerto de Guetaria
ゲタリア港

Parroquia de San Salvador
サン・サルバドール教会

Asador Mayflower
アサドール・メイフラワー(炭火焼きレストラン)

Cetaria
セタリア(食料品、衣料雑貨店)

無料駐車場

Saiaz Getaria Hotela
サイアス・ゲタリア・オテラ

Pensión Katrapona
ペンション・カトラポナ

Playa de Gaztetape
ガステタペ・ビーチ
無料駐車場

Iribar
イリバール(炭火焼きレストラン)

Elkano Txiki
エルカノ・チキ(バル)

Salanort
サラノルト P.81

Hotel Itxas Gain
ホテル・イチャス・ガイン

Ayuntamiento
町役場

Elkano
エルカノ P.79

Fronton
フロントン

Getaria
(スマイア行)

Getaria
(サン・セバスティアン行)

ファン・セバスティアン・エルカノ像

Museo Cristóbal Balenciaga
バレンシアガ美術館 P.78

Playa de Malkorbe
マルコルベ・ビーチ

Txomin Etxaniz
チョミン・エチャニス P.23 へ

隣町サラウスからながめたゲタリア。そのシルエットから「ゲタリアのねずみ」の愛称が。

Access

サン・セバスティアンのAv. de la LibertadからZumaia(スマイア)行きのバスUK9番に乗り約50分、またはUK10番に乗り約35分、またはUK11番に乗り約45分

Museo Cristóbal Balenciaga

バレンシアガ美術館

motza, boli koloreko
oz eta satin beltzez

noche corta en piel
fil y raso negro
ée courte en peau
voire et satin noir
jacket in ivory
satin sash

上・1934年作、黒いサテンのサッシュベルトがついたアイボリーのイブニングジャケット。／下・1957年作、スカートにたっぷりギャザーを寄せたタフタ生地のナイトドレス。

エールフランス航空のキャビンアテンダントの制服デザインも手がけた。1969年作。

ハイブランド創業者のふるさと

左・高い天井が印象的なロビー。ここにミュージアムショップもある。／右・最初の顧客だったトーレス伯爵婦人の館(写真右)に隣接したモダンな建物。

日本でも人気のブランド、バレンシアガを創業したクリストバル・バレンシアガは1895年にゲタリアで生まれました。漁師だった父親を早くに亡くし、お針子をして生計を立てていた母親の影響で服飾の世界へ。やがて才能を認められ、1917年に最初の店をサン・セバスティアンに開き大成功します。1936年にはじまったスペイン内戦により店の閉鎖を余儀なくされると、新天地を求めてパリへ向かい、その後の発展は周知の通りです。

美術館は町を見下ろす丘の上にあり、バレンシアガが残した数多くの作品が時系列に展示されています。ファッションブランドの商品は創始者のデザイナーが亡くなると様変わりしてしまいますが、一世を風靡したバレンシアガのルーツを知るには最適な場所。服の品質や色、風合いが損なわれるのを避けるために、期間ごとに選別された作品がローテーションで展示されています。

Aldamar Parkea 6, Getaria
☎943 008 840／https://www.cristobalbalenciagamuseoa.com
🕐 1〜3・11・12月11:00〜15:00、4〜6・9・10月11:00〜19:00、
　7・8月11:00〜20:00、1〜6・9〜12月の月曜・1月1日・12月25日休
※入館は閉館の30分前まで
💶 12€／MAP🗺P.77

ロダバージョは単品で91€/kg。ロダバージョやココチャスなどの8品とデザートを含むテイスティングメニュー195€もある。

上・3通りのココチャス。左から卵をからめて揚げたもの、炭火焼き、グリーンソース煮。それぞれのうま味を楽しめる。／右・新鮮な素材のおいしさを堪能できるメニューばかり。魚料理好きにはたまらない店。

焼き場はすごい熱気。慣れた手つきで豪快に塩をふる焼き場専任のアシエルさん。

Elkano
エルカノ

星つきの
炭火焼きレストラン

　1964年創業。特徴的な白い窓枠がトレードマークの1ツ星レストランです。ゲタリアの町に着くバスを降りるとまず目に入るロケーションにあります。新鮮な魚介類のうま味そのものを最大限に引き出すこの店の料理を食べるために、多くの人が町を訪れます。魚介のスープ、ココチャス（メルルーサの顎下の身）、ロダバージョ（イシビラメ）の炭火焼きがとくにおすすめ。ココチャスは3通りの調理法で供されるので、それぞれの味わいを食べくらべてみてください。ロダバージョのしっとりした身のおいしさは、きっと忘れられなくなるはずです。

　魚は人数に合った大きさのものを焼いてくれますが、ほかにもいろいろ食べたい場合は、「小さめで」と指定したほうがいいかもしれません。人気店なので予約は必須（サイトから可）。

Calle Herrerieta 2, Getaria ／☎943 140 024
https://www.restauranteelkano.com
⊙ 13:00〜15:30、金土曜13:00〜15:00、20:30〜22:00、月日曜休、
　7・8月13:00〜15:00、金土曜13:00〜15:00、20:30〜22:00、日曜休、
　春・秋・年末年始に休暇あり（サイトで確認を）
英語メニュー ○／MAP ⚓ P.77

Kaia-Kaipe
カイア・カイペ

シェフ、ソムリエでもあるオーナーのイゴール・アレギさん。

港をながめながら魚介の炭火焼き料理を

上・ふっくらやわらかいロダバージョ90€/kg。価格は魚の重さで決まる。／右・ピーク時にはロダバージョや鯛、アンコウなどで埋まる焼き台。

右・スプーンをひと口運ぶごとにどんどんおいしさを感じて、一滴も残したくない魚介のスープ。ハーフポーション11€、フルポーション22€。

左・フレッシュな味わい、ロブスターのサルピコン（サラダ）39€。

エルカノかカイア・カイペか――。ゲタリアでシーフードを食べるならどちらの店がいいか、よく質問されます。カイア・カイペの現オーナー、イゴール・アレギさんは、エルカノの創業者ペドロ・アレギさんの甥にあたります。いずれも同じ炭火焼きの高級シーフードレストラン。個人的には魚のスープはカイア・カイペ、ロダバージョはエルカノがそれぞれ好みのおいしさです。どちらも極上の素材を熟練の専任担当者が焼いているので、味は抜群。カニのオーブン焼き、小イカの鉄板焼きに甘い玉ネギを添えたペラヨ風などもおすすめです。

料理以外のことでいえば、カイア・カイペの魅力はながめのよさ。船内をイメージしたインテリアの2階席からは港が見渡せ、1階席のテラスでは港町ならではの雰囲気が楽しめます。

Calle General Arnao 4, Getaria
☎ 943 140 500 ／ https://www.kaia-kaipe.com
🕐 13:00〜16:00、20:00〜23:30、
　　月曜13:00〜16:00、秋に2週間の休暇あり
英語メニュー ○／ MAP ➧ P.77

Salanort
サラノルト

地元産の製品が整然と並ぶ店内。棚にあるものは冷蔵の必要がないのでおみやげにできる。

おいしいアンチョビを買いたいなら

アンチョビの瓶詰7.40€。世界でいちばんおいしいといわれるカンタブリア海のアンチョア。

　この町の港に陸揚げされるいきのいい良質な魚介類を、手作業で缶詰や瓶詰にして販売している水産加工会社の直営店。とくにアンチョビやボケロネス（アンチョアの塩漬けや酢漬け）、ビンナガマグロなどの商品が人気。エルカノの銅像前からマヨール通りに入り、教会に向かう途中にあります。

Calle Mayor 22, Getaria
☎ 943 140 624 ／ https://www.salanort.com
⏰ 夏季・連休10:00〜20:00、
　冬季10:00〜19:00、無休
MAP ➡ P.77

Maisor
マイソール

©Maisor

©Maisor

左・晩冬のサバ、春のアンチョア、夏から秋のビンナガマグロ、秋のイワシを製品に。／右・アンチョアづくりにはていねいさが大切。

Edificio Astillero, Puerto 3, Guetaria
☎ 943 140 993 ／ https://maisor.com
⏰ 夏季10:30〜19:30、
　冬季10:30〜18:30（月火曜17:30）、
　1月1日・8月6日・12月25日休
※見学ツアー、体験教室の詳細はメールで問い合わせを
MAP ➡ P.77

アンチョビの瓶詰体験ができる

　魚介の缶詰や瓶詰などを製造販売するゲタリアの有名メーカー。直営ショップを併設した加工工場が港の奥にあります。アンチョビづくりは、春にとれる脂ののったアンチョアを7か月間塩に漬け、ていねいに骨と身をはずし、オリーブオイルに浸し保存します。ボケロネスづくりは1日酢に漬け、同様に保存。その作業の見学や瓶詰などの体験もできます（要予約）。

アンチョア祭り（P.77）ではアンチョビやボケロネスのピンチョスを販売。

バルやレストランが立ち並ぶサン・ペド
ロ通り。好天の日はテラス席が大人気。

サン・ペドロ通り沿いにはベンチも。ア
イスでも買ってひと休みはいかが？

サンティアゴ巡礼の「北の道」のルート
を示す標識。オンダリビアを経由する。

Hondarribia

オンダリビア

　ビダソア川をはさむスペインとフランスの国境地帯にある小さ
な町。古くから漁業が盛んで、現在もギプスコア県ではゲタリア
に次ぐ漁港として機能しています。また避暑地としても人気があ
り、夏のハイシーズンには国内外から多くの人たちが訪れ人口が
急増します。

　新鮮な魚介や近隣でとれる食材をいかした料理に定評がある
バルやレストランが多く、小さいながらグルメな楽しみが凝縮され
ている町です。とくに中心地のサン・ペドロ通りは、飲食店が密
集していることで有名で、地元でラ・マリナ地区と呼ばれています。
古くは漁師たちが住んでいた地区で、各家のカラフルな窓枠やバ
ルコニーは、所有している漁船の塗装であまったペンキで同じ色
に塗られているそうです。その通りから城壁に囲まれた旧市街に
入ってみましょう。高台には、現在パラドール（P.180）になってい
るカルロス5世の城跡があります。パラドール前の広場から坂を
下りサンタ・マリア門を出たところには、水曜の午前中に小さな
マーケットが立ち、近隣農家の人たちが新鮮な野菜や卵、チーズ
などを販売しています。ゆっくり散策を楽しめる町です。

旧市街にあるパラド
ール前のアルマ広場
には、かわいらしい
プチホテルやバルが
並ぶ。

左・17世紀頃の建物が現存する旧市
街。石畳が続いているので歩きやすい
靴で出かけて。／右・対岸のアンダイ
（フランス）から見たオンダリビア。町の
後ろに広がるのはハイスキベル山。

◎オンダリビア中心部MAP

◎オンダリビア周辺MAP

Access

サン・セバスティアンのギプスコア広場からバス21番に乗り
約35分、オンダリビアのSabin Arana kalea（Ama
Guadalupekoa Ikastetxea）で下車。フランスバスクからオン
ダリビアに行くには、Euskotren（バスク鉄道）のHendaye駅
から乗りIrún-Colón駅 で下車、バス25番に乗り換え約12分、
オンダリビアのSabin Arana kalea（Ama Guadalupekoa
Ikastetxea）で下車

Gastroteka Danontzat
ガストロテカ・ダノンチャット

旧市街にあらわれたグルメな食空間

　ガストロテカとは、クオリティーの高いオリジナリティーあふれる料理を手頃な価格で提供するカジュアルな食空間のこと。店はパラドール前の広場から教会前の通りを少し下って右に入った静かな路地にあります。地元の人たちにとっては行きつけの店ですが、スペイン各地や外国からも口コミでお客が増えています。リピーターになる人も少なくありません。

　こぢんまりした店ですが、カウンターとは別に中央に大きなテーブルがあります。必然的に相席になった客同士がその「ソーシャルテーブル」で食事を楽しみながら自然と会話を交わし、交流がはじまる――そんな場所をオーナーシェフのゴルカさんは提供したかったそう。料理のコンセプトや食材の説明、それに合ったワインなどの飲みものの提案もとてもていねいで、普通のバルとは違う独特な食体験ができる店です。

　また、2023年に旧市街の老舗レストランSebastián（セバスティアン）を引き継ぎ、再オープン。ゴルカさんの料理で新たな世界観を展開しています。

上・ヤマウズラの具だくさんサラダ23.40€。素材の組み合わせとビジュアルのよさが楽しめる。／左・パラモスエビと地中海マグロのカルパッチョ18.20€。削りライムを添えて。

ジャガイモのコンフィの上にのせた牛タン5.80€。仕上げにバーナーで炙る。

ムール貝のフリット7.80€。外はサクサク、なか
はふんわり。ビールやチャコリのおつまみに。

「美食とは刹那的な芸
術であり、食欲を満た
す行為を楽しい経験に
転換すること」と、ゴル
カ・イリサリさん。

店の中央で存在感
を放つ大きな「ソー
シャルテーブル」。
いろいろな言語が
飛び交うことも。

至福の食事時間を、ぜひこの一品からスタート
してほしいスモークサーディン3.90€。

このチーズケーキには、イ
ディアサバルチーズのア
イスもついてくる。6.50€。

Calle Denda 6, Hondarribia
☎943 646 597
https://gastrotekadanontzat.com
⊘ 12:00〜16:00、20:00〜24:00、火水曜休
MAP P.83

85

アンチョビ（塩漬け）とボケロン
（酢漬け）を合わせたピンチョ。
ピーマンとの相性もいい。

Bar Gran Sol
バル・グラン・ソル

どれもおいしい多彩なピンチョス

サン・ペドロ通りのバル街で、いつもひと際にぎわっているグラン・ソル。来客数に応じて、週末や祝日はピンチョスが多めに用意されます。カラフルで華やかなピンチョスに埋め尽くされたカウンターは必見です。また、さまざまなコンクールで賞を獲得しているグラン・ソルのあたたかいオーダーピンチョスは、さらに凝っておすすめなのでぜひお試しを。入店したらスタッフが席に案内してくれ、オーダーピンチョスは席でメニューをみて注文します。

どれもとても斬新に見える創作ピンチョスの数々ですが、その基礎はオーナーシェフのビセンテさんとミケルさんのムニョス兄弟が、先代から受け継いだバスクの伝統料理。その味を損なわないよう工夫しているところが、安定したおいしさの秘訣です。品数が豊富で定番と新作の両方が楽しめるので満足度が高く、飽きのこない店です。

上・2017年にバスク全域を対象としたピンチョスコンクールで優勝に輝いたMIKA6€（左）は、エビのフリットをアレンジ。同じく2023年に優勝したIIZÒN5.70€（右）はふわふわのブリオシュにカニのペーストをはさんである。／左・カウンターに並ぶピンチョスと、注文が入ってからつくるオーダーピンチョスの両方をぜひ味わって。

おいしいピンチョスを求めてた
くさんの人たちが集う。繁忙時
には並んで待つこともある。

上・サーモンタルタル（左）と
ツナサラダ（右）のピンチョス。
カウンターのピンチョスはそ
れぞれ2.80€。／左・「オンダ
リビア」というピンチョ。トース
トの上にピーマン、フォアグラ、
タラが重なる7.50€。

Falso Sushi（ムール貝のコロッケ）5.50€。寿司の形を表現したそう。

San Pedro 65, Hondarribia
☎943 642 701 / https://www.bargransol.com
🕑11:30～16:00、19:30～22:00、日曜11:30～15:30、
　月曜休（秋冬は営業時間の変更あり。サイトで確認を）
※キッチンオープン時間は12:30～15:30、19:30～22:00、日曜12:30～15:30
MAP 💠 P.83

MIKA Jatetxea

ミカ・ハテチェア

　長年バル・グラン・ソルでシェフを務めたミカエラさんが
独立して、パラドール前にバルをオープン。ピンチョスコン
クールで優勝したMIKAは、この店でも食べられます。

Plaza de Armas 2, Hondarribia
☎943 641 880
https://mikahondarribia.com
🕑12:30～15:30、
　19:30～23:00、
　日曜12:30～15:30、火曜休
MAP 💠 P.83

トーストした玉ネギパンにエビとベーコンのフリットなどをのせたMIKA。

バルの入り口。この町では窓辺に花をきれい
に飾っている建物が多い。

Badia Taberna
バディア・タベルナ

居心地のいい、長居したくなるバル

旧市街にひっそりと佇む小さな店で、その隠れ家的な雰囲気が魅力的。歴史深い建物の1階にあり、店内はあたたかみのある装飾がほどこされています。提供される料理は、地元の旬の食材を使った伝統的な味わいとシェフのセンスが詰まった逸品ばかり。オーナーシェフのアマイア・ウルダンガリンさんはレストランを営む家庭に育ち、家族から料理を教わったといいます。地元の料理学校を経て、国内外で幅広い経験を積んだ後、満を持してこの店を開きました。

軽くピンチョスをつまんだり、奥のレストランスペースでゆったり食事をしたり、テラスでコーヒーやビールを飲んだり。ギプスコア広場の美しい風景とともに、特別なひとときを過ごせます。女性ひとりでもくつろいで食事を楽しめるのでおすすめです。

Plaza de Guipúzcoa 1, Hondarribia
☎943 231 790
https://badiataberna.com
⏰12:00〜22:30
（キッチンクローズの時間帯あり）、
火水曜・日曜午後休
MAP 🔖 P.83

上・スモークサーモンとカマンベールタイプのチーズのピンチョス。味よし、見た目よし。／左・カウンターに並ぶきれいでおいしそうなピンチョスは2.80€〜。

「ひとりカフェ」「ひとりバル」の時間をリラックスして過ごせる場所。

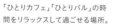

カマロンエビのカルパッチョ。チャコリや香り豊かな白ワインとのハーモニーを味わって。

La Hermandad de Pescadores

ラ・エルマンダ・デ・ペスカドーレス

海の幸のうま味がつまったスープを

オンダリビアで伝統的な魚介料理を食べるならここ！漁業組合の事務所兼漁網の保管場所として1361年に建てられた建物を改装し、1938年から続くレストランで、魚介のスープがとても有名です。海の幸のうま味が詰まったスープは、見た目よりもあっさりしていて、かすかな甘みも感じられます。ほかにも貝やカニ、エビ、さまざまな魚の料理など品数が豊富で一品の量も多めなので、何人かで訪れて料理をシェアするのがベスト。同じ魚でも、バスクのグリーンソースをかけたものやシンプルな焼き魚など違った調理法があるので、好みにあわせて選んで。

漁師町の食堂的な内装ですが、テーブルクロスはしっかりしたリネン。ふたり掛けなどのテーブルも一部ありますが、長テーブルに長椅子の席では相席になることも。予約は必須です。

Calle Zuloaga 12, Hondarribia
☎ 943 642 738
https://www.facebook.com/
LaHermandadDePescadores/
🕐 13:00〜15:30、20:00〜23:00、
　　日曜13:00〜15:30、月曜休
英語メニュー ○
MAP ➡ P.83

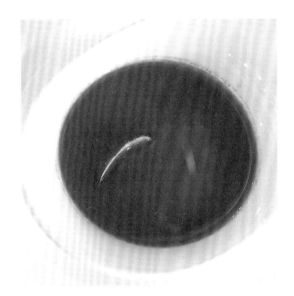

魚介のスープ11€はたっぷりの野菜と、丸ごとの白身魚のメルルーサやアサリなどでつくられたやさしい味。ふたりでシェアできる量がボールで運ばれ、テーブルでサーブされる。

右・メルルーサのバスク風25€。ソースの材料は、魚のスープ、ニンニク、パセリ、オリーブ油。／下・ナイフという意味のNavajas（ナバハス）と呼ばれるマテ貝。弾力があっておいしい。

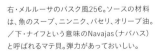

オーナーシェフの奥さん、マイテさんがホールを常任。

89

Alameda
アラメダ

ガストロバル併設の１ツ星レストラン

晴れた日はシェードを下ろしたテラス席が気持ちよく、くつろいだ気分で食事を楽しめる。

とてもやわらかい子牛肉のロースト、Costilla Glaseada。

星つきレストランはデザートもレベルが高いので楽しみ。

オーナーシェフのゴルカさん、同じくキッチンで働くケパさん、そしてホール担当でソムリエのミケルさんの３兄弟は、チャパルテギー家の３代目。1942年創業の老舗店です。以前は庶民的なタベルナ（食堂）でしたが、2000年に現在のモダンなレストランに様変わりしました。新鮮な地元の食材を扱う高級店となった今でも、家族や友達同士で気軽にくつろげる空間を提供し続けています。

この店の「原点を大事にしながら発展していく」という目的も込めて、2014年にガストロバルを併設。木の板で覆われた丸みのある天井と壁が印象的な店内で、星つきレストランと同じキッチンでつくられるクオリティーの高いバルメニューを楽しめます。ぜひ相性のいいワインやビールと合わせて楽しんでください。

家族経営の伝統を守りつつ、時代の変化に対応し続けるオーナーシェフのゴルカさん。

Calle Minasoroeta 1, Hondarribia
☎ 943 642 789／https://restaurantealameda.net
レストラン🕐 13:00〜15:30、20:00〜23:00、
　　　　　　日曜13:00〜15:30、月火曜休
　　　　　　英語メニュー ○
バル🕐 12:00〜15:30、19:30〜23:00、
　　　　日曜12:00〜15:30、月火曜休
MAP❖P.83

© mandragorapro

レストランの入り口は建
物の正面から見て左側、
バルの入り口は右側の通
り沿いにある。

© mandragorapro

上・鳩のグリル、ラグーソー
スとコンソメ添え、Pichón a
la parrilla。／左・Trucha de
Banka（バンカ産のマスのマ
リネ）。チャコリや白ワインとと
もに。

© mandragorapro

上・海外から来る人も、近所の常連も気軽に立ち寄れるタベルナ
（バル）スペース。／左・マグロとピクルスなどをのせたトウモロコ
シのTalo（左）や自家製アイスクリーム（右）など、バルで食べられる
ものもクオリティーが高い。

María Rosario Berrotarán

マリア・ロサリオ・ベロタラン

いつまでも続いてほしい老舗雑貨店

バスクのキッチン用品メーカーIbili社の
ホーロー製品。皿などはレストランでも
よく使われている。12€〜。

昔ながらの店構えとショーウインドー。バスク語で「最初の家」という名前がついている小さな建物で、150年以上営まれている日用雑貨店です。表に吊り下げられた栗の木のカゴや網バッグは、夏が近づくにつれて数が増えていきます。おびただしい数の商品がぎっしり詰まったレトロな雰囲気の店内に入ると、まるでタイムトリップしたかのような気分になります。自然で無造作な店の感じが素朴な雑貨が好きな人の琴線に触れるのか、ここまでカゴや網バッグを買いにやって来たセレブリティもいるほど。人気が出ても媚びたみやげもの店にはならず、昔と同じ佇まいのまま町の人たちの日用雑貨店であり続けているのも、魅力のひとつなのかもしれません。おだやかな時間が流れるオンダリビアの旅の思い出になるような品を探してみてください。

この店構えに惹かれたら必ずなかに入ってみて。まるで宝箱のような店内に驚くはず。

上・あざやかな緑に赤いホーロー製品が映える窓辺もこの店のシンボル。／左・ほかでは見たことがない個性的な店を切り盛りする現オーナーのマリア・ロサリオさん。

ステンレスのオイル差し16€は、室内園芸の水やり用にも使える。

Calle Domingo Egia 1, Hondarribia
☎ 943 641 137
🕐 10:00〜14:00、16:00〜20:00、
日曜10:30〜14:00、不定休／MAP 📍P.83

Kuttixia
クティシア

毎日使うのにちょうどいいサイズのミニマグ9.70€。

ラウブルモチーフのカップ&ソーサー。こちらはカフェ・オ・レサイズ16€。

ガトー・バスクやマカロンなど、焼き菓子をのせてもいいバスク柄の皿。

オリジナルのバスクみやげがそろう

旧市街のギプスコア広場にあるみやげ雑貨店。バスクの旗イクリニャ、ラウブルやエグスキロレをモチーフにしたアクセサリー、クラシックなバスクリネン、バスクベレー帽、衣料品までさまざまなものを取り扱っています。スペインバスクだけでなくフランスバスクなど、広いエリアから集められたものが並んでいます。

フランスバスクでよく使われている紺色のライン入り食器やエスプレットのトウガラシパウダー、サクランボジャム。ラウブル入りの食器は、店のすぐ近くの工房で制作されているオリジナル品です。バスク語とバスクの生活様式を彫り込んだ木製のプレートなど、「持ち帰れるバスク」がいっぱいです。何点かそろえれば、家でもバスク気分を味わえるはず。

店舗近くのアトリエでオリジナル食器を制作中のガライスさん。

黒サクランボジャム。左からエスプレットのトウガラシ入り、ノーマル、甘めの3種2.95〜3.90€。

上・ピアスは15€前後、ペンダントトップは21.40〜39.50€。／左・しっかりした生地なのでプレースマットとしても使えそうなナプキン7.50€〜。

Plaza de Guipúzcoa 4, Hondarribia
☎943 641 139
https://www.euskal-denda.com
🕐 夏季10:00〜14:00、15:00〜20:00、
　冬季10:00〜13:30、15:30〜19:30、1・2月休
MAP❖P.83

Bilbao ビルバオ

訪問客が年間100万人を超えるグッゲンハイム美術館と3万8000本の花でおおわれたアート作品「パピー」。5月と10月に植え替え作業がある。

　人口約35万人のバスク自治州最大の町で、古くから工業や金融業、商業などで栄え、バスク経済の中心地となってきました。町のなかには豊かな水量を誇るネルビオン川が流れ、15kmほど離れた河口の港湾地区までの地の利を生かした鉄鋼業、造船業で繁栄を築きますが、1980年代には深刻な不況や政治的不安、洪水被害などに見舞われ暗い時代も。長い歴史のなかで繁栄と衰退を繰り返してきたビルバオに大きな変化をもたらしたのが、1997年のグッゲンハイム美術館の開館でした。同時期にエウスカルドゥナ国際会議場やスビスリ橋など多くのモダンな建築物が建てられ、新空港やメトロ、トラムなどの交通インフラも整備され、都市再生の成功モデルとして広く知られることになります。「グッゲンハイム効果」とも呼ばれるように、それ以来観光客が急増しました。

　また国際会議や各種イベントの精力的な誘致で、ビジネス観光地としての人気も上昇中。もちろんバスクならではのグルメな食事も、新市街と旧市街にバランスよく点在しているレストランやバルで楽しむことができます。

　スペンバスクの玄関口であるビルバオ空港から中心部まではバスで20分ほど。夜の便で到着した場合はビルバオで1泊して長旅の疲れをとり、翌日午前中に市内観光を楽しんでから、サン・セバスティアンへ移動するというプランもいいでしょう。日程と時間に余裕があればビルバオ滞在中に足をのばして、世界遺産のビスカヤ橋（P.100）や絶景スポットのガステルガチェ（P.126）などを訪れるのもおすすめです。

ビルバオのおやつといえば、Bollo de mantequilla（バタークリームサンド）。パン屋や菓子店で販売されている。

旧市街にある帽子専門店の看板。Eloseguiはバスクを代表するベレー帽ブランド。

カスコ・ビエホと呼ばれる旧市街にはバルや個人商店が並び、市民の生活感を身近に感じられる。

ドニャ・カシルダ・デ・イトゥリサル公園はビルバオ市民の憩いの場。散歩したりカフェテラスでのひとときを楽しむ人でいっぱい。

上・1時間で中心部をめぐるコースと、2時間でビスカヤ橋まで往復するボートクルーズ（P.100）が運航している。／左・ドニャ・カシルダ・デ・イトゥリサル公園内にあるビルバオ美術館。

Access
ビルバオ空港からバスで約20分。サン・セバスティアン・バスターミナルからビルバオ・バスターミナルまでバスで約1時間20分

メトロとトラムの利用方法

ビルバオ市内中心部は徒歩でまわれるけれど、短時間で効率よく移動したい時や歩き疲れた時などは、部分的にメトロやトラムを利用するととても楽。車両も駅構内も清潔で快適。券売機で行先を選び、1回券またはBarikカードで乗車。料金は。メトロ1ゾーン内の1回券1.70€（Barikカード0.96€）、トラム1回券1.50€（同0.73€）。トラムでは停車場の改札機を利用してから乗車する。

左から／トラムの料金は変動する場合もあるので現地にて確認を。／トラムの停車場。券売機の右側に乗車券の刻印機が、左側にBarikカードのタッチパネルがある。

メトロの券売機。アルファベット順に並んだ駅名から選ぶ。

Barikカードって？

ビルバオのメトロ、トラム、市内バス、郊外行きのBizkaibus社のバス、Euskotren（バスク鉄道）、アルチャンダ・ケーブルカー、ビスカヤ橋のゴンドラ、サン・セバスティアンの市内バスdbusなどに使用可能なプリペイドカード。カードを3€で購入し、必要な金額をチャージして使用する。複数人（10人まで）で使う時は必要回数を改札機にタッチすればOK。Bizkaibusのバスでは降車する際もタッチが必要。ビルバオ空港の到着ロビーの券売所で手に入れておくと便利。メトロ駅や町のタバコ屋などでも購入、チャージができる。

barik

ctb

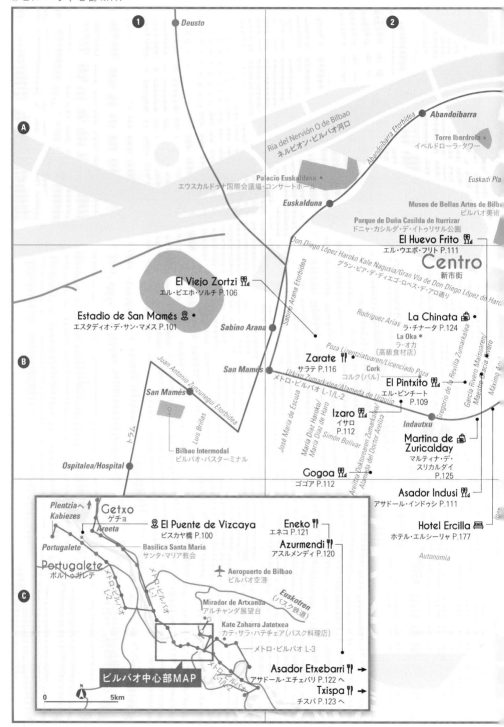

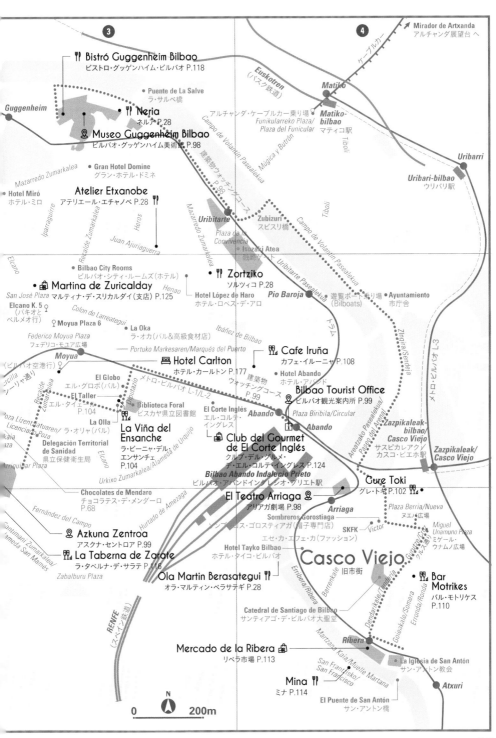

3

🍴 Bistró Guggenheim Bilbao
ビストロ・グッゲンハイム・ビルバオ P.118

● Puente de La Salve
ラ・サルベ橋

4

➤ Mirador de Artxanda
アルチャンダ展望台 へ

Euskotren
(バスク鉄道)

● Matiko
マティコ

● Guggenheim

🍴 Neria
ネルア P.28

🏛 Museo Guggenheim Bilbao
ビルバオ・グッゲンハイム美術館 P.98

アルチャンダ・ケーブルカー乗り場
Funikularreko Plaza/
Plaza del Funicular

Matiko-
bilbao
マティコ駅

ケーブルカー

● Uribarri
ウリバリ

● Gran Hotel Domine
グラン・ホテル・ドミネ

Mazarredo Zumarkalea

● Hotel Miró
ホテル・ミロ

🍴 Atelier Etxanobe
アテリエール・エチャノベ P.28

Mazarredo Zumarkalea

● Uribitarte

Zubizuri
スビスリ橋

Uribari-
bilbao
ウリバリ駅

Campo de Volantín Pasealekua

Mugica y Butrón

Tiboli

建築物ウォッチングコース P.99

Plaza de la
Convivencia

Isozaki Atea
磯崎アテア

Campo de Volantín Pasealekua

Tiboli

Heros

Juan Ajuriaguerra

Recalde Zumarkalea

Iparraguirre

Elcano

● Bilbao City Rooms
ビルバオ・シティ・ルームズ(ホテル)

🏛 Martina de Zuricalday
マルティナ・デ・スリカルダイ(支店) P.125

🍴 Zortziko
ソルツィコ P.28

Uribitarte Pasealekua

遊覧ボート乗り場
(Bilboats)

● Ayuntamiento
市庁舎

San José Plaza

Henao

Hotel López de Haro
ホテル・ロペス・デ・アロ

● Pío Baroja

Elcano K. 5
バキオと
ベルメオ行)

Colón de Larreategui

Federico Moyua Plaza
フェデリコ・モユア広場

9 Moyua Plaza 6

● La Oka
ラ・オカ(バル&高級食材店)

Ibáñez de Bilbao

🍴 Cafe Iruña
カフェ・イルーニャ P.108

Zinguia/Sendeia

Moyua

— Portuko Markesaren/Marqués del Puerto

● Hotel Abando
ホテル・アバンド

(ビルバオ空港行)

Licencia通り

🚇 Hotel Carlton
ホテル・カールトン P.177

El Globo
エル・グロボ(バル)

Diputazio

建築物
ウォッチングコース
P.99

Bilbao Tourist Office
🏛 ビルバオ観光案内所 P.99

Zazpikaleak-
bilbao/
サスピカレアク/
カスコ・ビエホ駅

Recalde Zumarkalea

El Taller
エル・タイエー
P.104

Biblioteca Foral
ビスカヤ県立図書館

El Corte Inglés
エル・コルテ・
イングレス

● Abando

Plaza Biribila/Circular

Areatzako Pasealekua/Paseo del Arenal

Zazpikaleak/
Casco Viejo

Poza Lizent(atuaren)
Licencia(do) Poza
Kaia

La Olla
ラ・オリャ(バル)

🏛 La Viña del
Ensanche
ラ・ビーニャ・デル・
エンサンチェ
P.104

🏛 Club del Gourmet
de El Corte Inglés
クルブ・デル・グルメ・
デ・エル・コルテイングレス P.124

Bilbao Abando Indalecio Prieto 駅
ビルバオ・アバンドインダレシオ・プリエト駅

● Abando

🍴 Gure Toki
グレ・トキ P.102

Delegación Territorial
de Sanidad
県立保健衛生局

Urkixo Zumarkalea/Alameda de Urquijo

Elcano

Arriquibar Plaza

Chocolates de Mendaro
チョコラテス・デ・メンダーロ
P.68

🏛 El Teatro Arriaga
アリアガ劇場 P.98

● Arriaga

Plaza Berria/Nueva
ヌエバ広場

Fernández del Campo

Sombreros Gorostiaga
ソンブレロス・ゴロスティアガ(帽子専門店)

SKFK

Victor

Miguel
Unamuno Plaza
ミゲール・
ウナムノ広場

🏛 Azkuna Zentroa
アスクナ・セントロア P.99

Hotel Tayko Bilbao
ホテル・タイコ・ビルバオ

エセ・カ・エフェ・カ(ファッション)

🍴 La Taberna de Zarate
ラ・タベルナ・デ・サラテ P.118

Casco Viejo
旧市街

🍴 Bar
Motrikes
バル・モトリケス
P.110

Zabalburu Plaza

🍴 Ola Martin Berasategui
オラ・マルティン・ベラサテギ P.28

Erribera/Ribera

Santutxu(ko Etorbidea)

RENFE
(スペイン鉄道)

● Catedral de Santiago de Bilbao
サンティアゴ・デ・ビルバオ大聖堂

Barrenkale

Belostikale/Tendería

Ronda/Erronda

Goienkale/Somera

🏛 Mercado de la Ribera
リベラ市場 P.113

● Ribera

● La Iglesia de San Antón
サン・アントン教会

San Frantzisko/Muelle Martana
San Francisco

● Atxuri

🍴 Mina
ミナ P.114

San Frantzisko
Kaia/Muelle Martana

El Puente de San Antón
サン・アントン橋

N

0 ▬▬ 200m

97

町をめぐって建築物ウォッチング！

歴史ある伝統的な建物と革新的な新しい建物が、うまく共存しているビルバオ。
長い年月のなかでどのように町が変化をとげてきたのか思いをめぐらせつつ、
象徴的なモニュメントを訪ね歩いてみましょう。

街が生まれた場所から川沿いを歩く

◎ サン・アントン教会 約2.5km ▶ グッゲンハイム美術館

増築で元のゴシック様式に、ルネッサンスとバロック様式も加わったサン・アントン教会。

バルやカフェが立ち並ぶヌエバ広場の回廊。おすすめ店はグレ・トキ（P.102）。

El Teatro Arriaga
アリアガ劇場

Plaza de Arriaga 1, Bilbao ／ ☎944 792 036
https://www.teatroarriaga.eus
MAP ❖ P.97 [C-4]

1890年開場のネオ・バロック様式のオペラハウス。1200人収容できる。

　ビルバオ市の紋章にも描かれているサン・アントン教会とサン・アントン橋。町はここを起点に広がっていきました。教会の隣にはリベラ市場が立ち、スペイン語でLas 7 Callesと呼ばれる並行する7本の通りをメインに、細い道が入り組んだ旧市街があります。クルス通りに入り、活気のある庶民的な生活の場を通り抜けてみましょう。ヌエバ広場にたどりつくとバルがたくさんあるので、ピンチョスをつまみながらちょっと休憩でも。

　広場から川のほうへ出ると、白壁が美しいネオ・バロック様式のアリアガ劇場があります。ここから川沿いを歩いてビルバオ市庁舎の前を通り先に進むと、優雅な曲線を描くスビスリ橋（バスク語で「白い橋」）と磯崎ゲート（磯崎新氏設計）が見えてきます。スビスリ橋を渡って対岸の川沿いを歩きラ・サルベ橋の下を抜けると、グッゲンハイム美術館に到着します。

どの角度から見ても美しいサンティアゴ・カラトラバ設計のスビスリ橋、23階建てツインタワー、ほか5つの建物を含む磯崎ゲート。

チタンとガラスで覆われた巨大な船のような外観のビルバオ・グッゲンハイム美術館。フランク・ゲーリー設計、1997年開館。

Museo Guggenheim Bilbao
ビルバオ・グッゲンハイム美術館

Avenida Abandoibarra 2, Bilbao ／ ☎944 359 080
https://www.guggenheim-bilbao.eus
🕐 10:00〜20:00、月曜休（ただし7・8月は無休）
💶 13€ ／ MAP ❖ P.97 [A-3]

生活圏にあるクリエイティブな建物群

◎ 観光案内所 [約1km] ➤ アスクナ・セントロア

旧市街と新市街を結ぶ地点にあるビルバオの観光案内所からスタート。125年前にホテルとして建てられた重厚感のある建物です。往時を思わせる高い天井と立派な柱、大理石の床のエントランスホールが印象的。案内所を出てメインストリートの通称グラン・ビア通りに入ると、まもなく芋虫のようなガラスのドームが。ビルバオが誇るメトロの出入り口です。ゆったりしたプラットホームや駅構内も含め、建築家ノーマン・フォスターが設計しました。

グラン・ビア通りから1本入ったところには、ガラスを大々的に使った県立図書館、その先に県立保健衛生局などがあります。県立保健衛生局はまるで街のなかに忽然とあらわれた氷山のような奇抜さ。その近くにあるアスクナ・セントロアはかつてワイン貯蔵庫だった建物で、外観はそのままに複合文化施設として生まれ変わりました。図書館やホール、ジム、プール、シネコン、レストランなどが入っていて、広々としたスペースが最大限に活用されています。

観光やイベント情報、地図をここでもらおう。入り口の機械で番号札を取って受付へ。

Bilbao Tourist Office
ビルバオ観光案内所

Plaza Biribila 1, Bilbao
☎944 795 760
https://www.bilbaoturismo.net/
BilbaoTurismo/en/oficinas-de-turismo
🕐 4月〜9月17日・祝日9:00〜19:30、
1〜3月・9月18日〜12月9:00〜17:30、
無休／MAP 🧭 P.97 [B-4]

メトロ駅の構内は開業して20年以上経った今も、管理状態がよく美しさを保っている。

ビスカヤ県立図書館は6階建てで、30万冊の蔵書を誇る。世界中200の言語のフレーズをシルクスクリーンで印刷したガラスで覆われている。

43本の太い柱はすべて違うデザイン。館内の通路から見上げるとプールで泳いでいる人たちのシルエットが見える構造もおもしろい。

外面はUVカット、耐熱性、防音性を備えたガラスの二重構造になっている県立保健衛生局。ファン・コル・バレウ設計。

Azkuna Zentroa
アスクナ・セントロア

Plaza de Arriquíbar 4, Bilbao
☎944 014 014／https://www.azkunazentroa.eus
🕐 9:00〜21:00、無休
MAP 🧭 P.97 [B-3]

世界最古の運搬橋が世界遺産に
◎ビスカヤ橋

左・河口一帯の360度のパノラマが楽しめる。高所恐怖症の人は注意！／下・ポルトゥガレテ側の高台にあるサンタ・マリア教会からは、ビスカヤ橋の全景を見渡せる。

ビルバオ郊外にあるビスカヤ橋はエッフェルの弟子のひとり、アルベルト・パラシオが設計し、1893年に完成。現存するものでは世界最古の運搬橋です。2006年にはユネスコの世界遺産に登録されました。地元ではEl Puente Colgante（吊り橋）とも呼ばれ、今でも大きなゴンドラで人やバイク、車まで同時に運んでいます。大型貨物船が往来する時はゴンドラが端で待機するのでさまたげにならず、港湾都市ビルバオの発展に大きく貢献しました。

ゴンドラは8分ごとに、ポルトゥガレテ地区とゲチョ地区を1分半かけて行き来します。一度に運搬できるのは乗用車6台、200人の乗客、バイクまたは自転車6台まで。全長160m、橋桁の高さは地上61m、観光用の歩道は満潮時の水面から高さ45m。晴れた日には、チケットを買ってエレベーターで上に昇り、絶景を楽しんでください。

左・スチールワイヤーで吊るされたゴンドラが静かに川面を渡っていく。／上・橋の上部にある歩道。むき出しの鉄骨は意外と華奢で優美。

El Puente de Vizcaya ビスカヤ橋

Calle Barria 3, Las Arenas, Getxo
☎ 944 801 012／https://puente-colgante.com
【エレベーター・遊歩道】
◉ 4～10月10:00～20:00、11～3月10:00～19:00
※11～3月の平日は、ゲチョ側のみ入場可
◉ 9.50€（ゴンドラの往復料金も含む）
【ゴンドラ】24時間営業／◉ 片道0.50€～
MAP ❖ P.96「C-1」

Access

ビルバオ中心部からPlentzia行きのメトロに乗り約20分、Areeta駅下車、徒歩約9分。またはKabiezes行きのメトロに乗り約25分、Portugalete駅下車、坂道を下り徒歩約10分。中心部から遊覧ボートに乗り見学することもできる。往復2時間、料金19€（下船なし）
Bilboats　https://www.bilboats.com

バスクではなにかにつけ郷土愛の強さを感じますが、ことサッカーとなるとその勢いはさらに増します。2023-24のシーズンにはリーガエスパニョーラの1部にバスク州の3チームが所属。バスク内のチーム同士の対戦はバスクダービーと呼ばれ、とくにアスレティック・クラブとレアル・ソシエダの試合は好カードとして大いに盛り上がります。レアル・ソシエダには久保建英選手も所属し大活躍中。同郷意識のおかげで、バスクダービーは友好的な雰囲気のなかで観戦が楽しめます。

　どの町もホームで試合がある日は早い時間からお祭りモード。多くのバルにチーム旗が掲げられますが、ビルバオのファンはとくに熱狂的。バスク出身の選手だけでチームを構成するというこだわりも、その熱さの大きな要因です。サン・マメス・スタジアムで観戦すると、応援の一体感が味わえて楽しいですよ。クラブの歴史がわかるミュージアムとスタジアムツアーもおすすめです。

Athletic Club アスレティック・クラブ

ホームタウン▶ビルバオ

スタジアム▶サン・マメス（San Mamés）
Rafael Moreno Pitxitxi, Bilbao
☎944 240 877／https://www.athletic-club.eus
【ミュージアム＆スタジアム見学ツアー】⊙ 11:00〜18:00、月曜休
※開館およびツアー催行時間は試合日程により変更あり／⊙ オーディオガイド16.50€、ガイドつき23.50€
※上記のホームページからスタジアム見学希望日時を選んで予約（ミュージアムは当日出入り自由）
MAP✿ P.96 [B-1]

ピッチサイドに立ちスタジアムを一望。見学ツアーでは選手や監督が使うベンチにも座れて、記者会見室、更衣室、VIP席などが見学できる。

ビルバオのメトロSan Mamés駅で下車

Real Sociedad
レアル・ソシエダ

サッカーの応援に
欠かせない
チームマフラー。

ホームタウン▶サン・セバスティアン

スタジアム▶レアレ・アレーナ（Reale Arena）
Paseo de Anoeta 1, San Sebastián
☎943 481 875／https://www.realsociedad.eus
【スタジアム見学ツアー（各1時間）】
⊙ 木曜17:00〜、18:00〜、金曜16:00〜、17:00〜、18:00〜、土曜11:00〜、12:00〜、16:00〜、17:00〜、月〜水日曜休
※試合やイベントにより変更あり／MAP✿ P.33 [C-4]

Euskotren（バスク鉄道）Anoeta駅で下車。またはBoulevard 9からバス28番に乗り約14分、Anoetaで下車、徒歩約3分

Deportivo Alavés デポルティボ・アラベス

ホームタウン▶ビトリア・ガステイス

スタジアム▶メンディソロサ（Mendizorroza）
Calle Cervantes s/n, Vitoria-Gasteiz／☎945 131 018
https://www.deportivoalaves.com／MAP✿ P.7

ビルバオ・バスターミナルからLa Unionバスに乗車し約55分、ビトリア・ガステイス・バスターミナルで下車。バスL2に乗り継ぎ約20分、Mendizorrozaで下車

SD Eibar SD エイバル

ホームタウン▶エイバル

スタジアム▶イプルア（Ipurua）
Calle Ipurua 2, Eibar ☎943 201 831
https://www.sdeibar.com／MAP✿ P.7

Euskotren（バスク鉄道）ビルバオZazpikaleak-bilbao駅から乗車し約70分、Ardantza-eibar駅で下車、徒歩約12分。またはビルバオ・バスターミナルからバスA3926に乗車し約60分、エイバル・バスターミナルで下車、徒歩10分

※2023-24のシーズンでは2部リーグに所属

Gure Toki
グレ・トキ

「バオ」というやわらかいパンに、
子豚のロースト肉を詰めて揚げたもの。

イディアサバルチーズのスープが美味

現在は2代目のベゴニャさんたちが引き継いでいる1982年創業の店。ビルバオ市が時代とともに進化、発展していく様子にならって、この店も創造的なピンチョスを提供し続けています。カウンターに並んでいるものを指さして頼むのもいいですが、黒板メニューにもチャレンジしてみましょう。種類が豊富でおいしいものがたくさんそろっています。とくにイディアサバルチーズのスープが大人気で、遅い時間だと品切れになってしまうことも。春から初夏にかけての旬の時期には、涙豆も食べられます。

外のテラスやカウンターがいっぱいでもあきらめないで。店内奥のスペースが空いていることもあります。おいしいピンチョスとフレンドリーなスタッフの対応は、ビルバオでのバル体験をとても楽しいものにしてくれるでしょう。

夏が旬の花つきズッキーニのフリット。花のなかにひき肉が詰めてある。

人気のイディアサバルチーズのスープも並ぶ華やかなカウンター。ピンチョス2.70€〜。

予約可能なテーブル席では落ち着いて食事が楽しめる。人数が多い時は相談してみて。

Mini berenjena4.40€は、
少しピリ辛のボロネーゼ
を詰めたミニ焼きナス。

イディアサバルチーズとキノコのスープ
2.80€。ビスカヤ県のピンチョスコンク
ールで優勝したこともある。

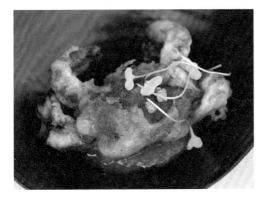

上・クルマエビと野菜のロール揚げ。クリ
スピーな食感と具の味わいが、チャコリと
よく合う。／左・丸ごと食べられるソフトシ
ェルクラブの天ぷら5.50€。脱皮直後の
やわらかさがたまらない！

Plaza Nueva 12, Bilbao
☎944 158 037
https://www.guretoki.com
🕘9:00～23:30、
　　日曜9:30～16:00、水曜休
※キッチンクローズあり（16:00～19:00）
MAP❖P.97［C-4］

La Viña del Ensanche

ラ・ビーニャ・デル・エンサンチェ

おいしい生ハムを堪能できる老舗

　1927年創業。現在は3代目のファン・ゴンザレスさんが跡を継いでいる家族経営の店です。伝統を感じさせるクラシックな店内は他店とくらべて広々としていますが、大人気店なのでランチ、ディナータイムとも混み合います。落ち着いて食べたい時は、少し早めに行くといいでしょう。キッチン休憩がなく通しで営業しているので、いつ行ってもあたたかいものが食べられるのがうれしい。バルの人気ピンチョス6皿とデザートのセットメニュー45€がバルのテーブル席、同じ建物内にある系列のレストランの両方でオーダーできます（2名以上から）。

　ここの売りはなんといっても質の高いイベリコ豚の加工食品を製造する老舗、ホセリート社の製品を使ったピンチョス。生ハムのミニボカディーリョや、コッパを使ったJoselinis（ホセリーニス）というピンチョはぜひお試しを。ホセリート社の生ハム入りコロッケやリゾットもあります。あたたかいピンチョスは、写真つきの日本語メニューを見てタブレットで注文できます。

上・濃厚な味わいのフォアグラ、卵、キノコ、ポテトピューレのピンチョス。オーダーピンチョスは食べる場所で価格がかわり、カウンター5€、テーブル席6€。／左・地元の常連客や観光客が入り交じりいつもにぎやかな店内。テーブル席は予約できる。

系列のレストラン「El Taller」へはグルメショップから入って（ページ上写真）。その入り口のすぐ横にバルの看板が。

上・イベリコ豚のコッパ、とろけるチーズとフォアグラをカリカリのパンにのせたホセリーニス。1ラション4個で20€。最低2個10€からオーダーできる。／左・この店ではまずイベリコ豚の生ハムを。あたたかいオーダーメニューを頼む前に食べてみて。

イベリコ豚のCoppa（コッパ）。首肉を使いサラミに似た製法で熟成させたもので、深いうま味が味わえる。

Calle Diputación 10, Bilbao
☎944 155 615
https://www.lavinadelensanche.com
バル◷10：00〜22：30、土曜13：00〜22：30、
　　　月日曜・祝日休
レストランEl Taller
　　　◷13：00〜15：30、20：00〜22：30、
　　　月日曜・祝日休
MAP❀P.97［B-3］

併設のショップでは、おみやげにも適した厳選された食品やワインなどを販売。

El Viejo Zortzi

エル・ビエホ・ソルチ

トリュフ風味の半熟卵と生ハム、フライドポテトの組み合わせ。

ワインのお供にグラス入りヒルダ

ビルバオの1ツ星レストラン、ソルツィコ（P.28）の系列バル。サッカースタジアムに近く、市内随一のバル通りにあるにも関わらず、店も客層もとても落ち着いています。静かな空間で上質な料理とお酒が楽しめます。ピンチョスはすべて小皿系のオーダーメニュー。ヒルダ、トルティーリャ、アンチョアスなどどの店にもある定番メニューが、ここではしゃれたアレンジを加えられて出てきます。料理によってピンチョ、メディア・ラション、ラションとサイズを選べるのも便利。

赤・白ワイン、カバ、シャンパンなどの品ぞろえもとても豊富で、店内に並べてあるワインをその場で購入することもできます。2週間ごとに世界各地の新しいワインが入荷し、提供されるのも楽しみ。総合的に満足度が高いので、自然とリピート率も上がる店です。

上・トルティーリャ 4.25€はとても独創的。グラタンのように表面を焼いてある。／右・ビルバオ随一のワインバルを運営するオーナー夫妻。

食事をしっかりとりたい時は、改装でより落ち着いた雰囲気になったこちらのスペースでアラカルトを。

Calle Licenciado Poza 54, Bilbao
☎ 944 419 249
https://viejozortzi.es
🕐 13:00～15:30、20:00～23:00、日曜休
MAP 🌸 P.96 [B-2]

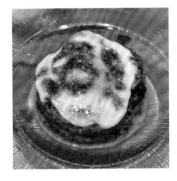

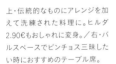

上・伝統的なものにアレンジを加えて洗練された料理に。ヒルダ2.90€もおしゃれに変身。／右・バルスペースでピンチョス三昧したい時におすすめのテーブル席。

VIEJO ZORTZI

上から／パルメザンチーズとオリーブオイルをかけて仕上げた、マッシュルームのカルパッチョ。／海の幸のうま味が凝縮したカニとムール貝のグラタン5.80€。ワインのお供に最高。／タコのガリシア風をアレンジして、ジャガイモとリンゴを添えたピンチョ4.90€。／フォアグラをつまみにプチぜいたくが楽しめるのもバルならでは。8.75€。

コーヒーなどを
飲むために寄っ
てもいい。

Cafe Iruña
カフェ・イルーニャ

エキゾチックで
落ち着いた空間

　1903年から続く老舗のカフェバル。
イスラム文化の影響を受けたスペイン
のネオムデハル様式の建物が、なぜ
ビルバオに？　その答えは、19世紀の
終わりから20世紀はじめにかけて流
行ったこの建築様式を、創業者のセ
ベリオ・ウンスエさんが取り入れたか
らだとか。ビルバオ市庁舎のサロンも
同じ様式だそうです。

　ゆったりとしたレストランスペースで
は、日替わりランチメニュー19.30€
や週末メニュー33€、ディナー36€
も食べられます。市内中心部のグラ
ン・ビア通りのすぐ裏手にあるので、
市内観光やショッピングの合間の休憩
にも便利。ここでぜひ食べてほしいの
は、Pincho Moruno（ピンチョ・モ
ルーノ）。スパイスのきいた子羊肉の串
焼きで、ビールやシドラ、ワインのお
つまみに最高！　販売は夕方6時頃から。
カフェの飲みものなどとは別会計なの
で、その場で代金を支払います。

上・装飾タイルなど、バ
スク内にある店として
はめずらしくスペイン
南部の雰囲気が漂っ
ている。／左・たっぷり
搾ったレモン汁でマリ
ネして焼き上げるピン
チョ・モルーノは1本
2.80€。スパイシーでク
セになるおいしさ。串
が長くて食べづらけれ
ばフォークではずして。

古い建物は天井が
高い。その空間を
いかした壁の装飾
も個性的。

Colón de Larreátegui 13, Bilbao
☎ 944 237 021
https://www.cafeirunabilbao.net
🕐 9:00（日曜11:00）〜23:00（金曜24:00）、
　 土曜11:00〜24:00、無休
MAP 🧭 P.97 [B-4]

El Pintxito
エル・ピンチート

カウンターのほかテーブル席もある。ひとり
でもグループで行っても楽しめる。

新市街バル通りでピンチョ・モルーノ

店内に入るとすぐ焼き場が。漂うス
パイスの香りに食欲をそそられる。
1本2.80€。

　モロッコの地中海沿岸にあるスペインの飛地領
メリリャから、ビルバオに移り住んだアーメド・ベ
ルキルさん一家。旧市街にバルを開くと、ピン
チョ・モルーノが評判に。その後20年ほど前か
ら、店の雰囲気にこのピンチョが合うからと、カ
フェ・イルーニャ（P.108）でも提供されるように
なったそうです。そうやって50年以上ピンチョ・
モルーノを販売し続けてきたアーメドさんが、新
市街のバル通りに新たにオープンした店。地元
の人たちに愛され続けているこの名物ピンチョを、
ここでも食べることができます。交代でせっせと
焼き上げているスタッフの働きぶりとフレンドリー
さが私は大好き。ビルバオに来たら必ず寄って
みてください。きっとファンになりますよ。タコの
串焼きやクロケッタスなどもあります。

衣はさっくり、身はプ
リッとおいしいイカの
フリット7.50€。

Calle Licenciado Poza 24, Bilbao
☎946 241 585／🕐 10:00〜22:30、無休
MAP 🧭 P.96 [B-2]

アーメドさん引退後は頼りになる息子さんたちが跡を継いでいる。

Bar Motrikes
バル・モトリケス

おかわり必至のマッシュルーム

「日本人のお客さまはマナーがいいから大歓迎ですよ」と語るオーナー。

とてもシンプルなピンチョ、Txanpi（チャンピ）1.60€。その人気の謎を解くには食べてみるしかない。

　ビルバオの旧市街で食べ歩きを楽しむなら、この店のマッシュルームはぜひお試しを！ 大きくて肉厚のマッシュルームに、店独自の秘密ブレンドのオイルをかけて鉄板でジュージュー焼いてくれます。味はちょっとだけピリ辛。ジューシーで熱々なので、やけどしないように気をつけて。ビールとの相性も抜群。1個食べると必ずおかわりしたくなるので、もう最初からひとり2個ずつ頼んでもいいかもしれません。とてもシンプルなのに真似できない、この秘伝のレシピを30,000€で買い取りたいともちかけられ断ったという噂も……。看板ピンチョのほかにタラのオイル漬け、トルティーリャ、ヒルダなどもあります。バルが立ち並ぶソメラ通りのなかの1軒で、週末はとくににぎやかです。

上・ヒルダ1.80€をつまみに、マッシュルームが焼けるのを待つのもいい。／下・赤ピーマンと揚げニンニクをのせたタラのオリーブオイル漬け3€。

Calle Somera 41, Bilbao ／ ☎944 159 779
🕐 12:00〜15:30、19:00〜22:00（金曜24:00）、
　　土曜12:00〜16:00、19:00〜翌1:00、日曜12:00〜17:00、
　　月曜・9月前半の15日間休
MAP ➡ P.97 [C-4]

El Huevo Frito
エル・ウエボ・フリト

卵を使ったピンチョスが売り

　「目玉焼き」とそのものズバリの店名で、卵が主役のピンチョスがズラリとカウンターに並んでいます。ほかの食材を引き立てる脇役として卵を使ったメニューも豊富。そのほか、フォアグラのソテーや鴨のロースト、サンドイッチ、ボカディーリョ、ハンバーガー、サラダなどもあるので、ここだけで食事を済ませられます。キッチンは通しでオープンしています。持ち帰りもOK。

Calle Maestro García Rivero 1, Bilbao ／ ☎ 944 412 249
https://www.facebook.com/ElHuevoFrito/
⊘ 10：00〜22：30（金土曜24：00）、
　　月曜10：00〜16：00、日曜休
MAP ❖ P.96 [B-2]

上・半熟目玉焼き、ジャガイモ、チストラソーセージの組み合わせ。地元の人たちの日常食。3.70€。／右・ベーコン、ピーマン、マッシュルームの重ね焼きに、ウズラの卵をのせて。

Asador Indusi
アサドール・インドゥシ

伝統料理が食べられる

　新市街でもとくにバルやレストランが密集しているエリアにあるバスクの伝統的な店。カウンターに並んでいるトルティーリャや生ハムなどクラシックなピンチョスのほかに、クロケッタスやイカのフリット、モルシージャやゲルニカピーマンの素揚げ、タコのガリシア風などのオーダーメニューも豊富。奥のテーブル席ではチュレタや魚の炭火焼きなどしっかり食事もできます。

Calle Maestro García Rivero 7, Bilbao
☎ 944 270 800 ／ https://asadorindusi.com
⊘ 12：00〜24：00（土曜18：00）、日曜休
MAP ❖ P.96 [B-2]

上・地元の人たちが普段は外でなにを食べているかを知るのにちょうどいいメニューがそろっている。／左・トリュフとフォアグラ入りのクロケッタス、1個1.20€。おいしい赤ワインが飲みたくなる。

ジャガイモのトルティーリャ2€。玉ネギ入り、なしがあるのでお好みで。

気さくなオーナーのおいしいトルティーリャが食べたくて集う常連客も多い。

Izaro
イサロ

山羊のチーズとズッキーニ入りも

　2023年の「トルティーリャがおいしいビルバオのバル16選」[※1] に選ばれた店で、オーナーのルースさんが4種類ほどのトルティーリャをせっせと焼いています。定番のジャガイモ入りはもちろんですが、コンクールでも大好評だったオリジナルの山羊のチーズとズッキーニ入りをぜひ！あたたかい接客でくつろぎのひとときが過ごせる小さなバルです。

Alameda de Urquijo 66, Bilbao ／ ☎944 411 048
🕐 8:00〜16:00、19:00〜22:00、土日曜休
MAP 🧭 P.96 [B-2]

Gogoa
ゴゴア

イカのトルティーリャとベルモット

　ベネズエラ出身の兄妹が切り盛りする店で、こちらも「トルティーリャがおいしいビルバオのバル16選」[※1] に選ばれました。変わり種のイカ入りトルティーリャが名物です。妹のアンドレイナさんオリジナルのベルモット[※2] は、ベネズエラのラム酒とイチャスメンディ（P.24）のチャコリをブレンド。ふたつの国のエッセンスを加えています。

Alameda del Doctor Areilza 43, Bilbao
☎683 668 271 ／ https://gogoabarcafe.eatbu.com
🕐 7:30〜23:00（金曜24:00）、
　土曜9:30〜24:00、日曜9:30〜17:00、無休
MAP 🧭 P.96 [B-2]

上・バスクで手に入りやすい食材であるイカをトルティーリャに入れるという発想が大成功。2.30€。／左・ビスカヤ県のベルモットコンクールで優勝したアンドレイナさん。

※1　毎年ビルバオ中心部のバルが参加する（2023年は約50軒）トルティーリャコンクール
※2　フレーバードワイン。スペインでは人気の食前酒

大規模な屋内市場＆フードコート

　サン・アントン教会の隣、ネルビオン川と旧市街の間にあるリベラ市場は、14世紀頃からビルバオ市民の食生活を支え続けてきました。1929年に建てられた荘厳な建物は、停泊している巨大な船のよう。アールデコ様式の外観やステンドグラスは見応えあります。屋内の食品小売り市場としてはヨーロッパ最大級の敷地面積を誇り、肉や魚介類、野菜、果物、乾物などを売る専門店がひしめき合い、新鮮な食材を求める買いもの客でにぎわいます。午後には閉めてしまう店も多いので、市場を見てまわるなら午前中がおすすめ。

　また、カフェバルやレストランが数軒入ったフードコートも併設しています。ピンチョス、牡蠣やペルセベス（亀の手）などの魚介、イベリコ豚の生ハムなどをおいしいワインとともに食べられます。天気がいい日は川沿いのテラスも気持ちいい。旧市街を散策する際の休憩や、トイレ利用場所としても便利です。

新しい時代のニーズに合う施設として、2011年に改築が完了。入り口は両サイドと正面にある。

Mercado de la Ribera

リベラ市場

Calle de la Ribera 22, Bilbao／☎944 231 019
https://bilbaozerbitzuak.bilbao.eus/
inicio/mercado-de-la-ribera/
【市場】◎8:00〜14:30、17:00〜20:00、
　　　　月曜8:00〜14:30、土曜8:00〜15:00、日曜休
【フードコート】◎9:00（日曜11:00）〜24:00、無休
MAP❖P.97[C-4]

買いもののついでに立ち寄ったり、家族や仲間と出かけてなにかつまんだりと、気軽に利用できる。

左・食べもの1品、飲みもの1杯の注文でもOK。新鮮な牡蠣は身のプリプリ感と海の香りを楽しんで。／右・ホセリート社のイベリコ豚生ハム入りコロッケや生ハムピンチョなどが食べられる。

チャコリなどの白ワインを飲みながらシーフードが食べられるバル。キスキーリャというおいしい小エビは、殻もやわらかくむきやすい。

Mina
ミナ

オープンキッチンに面したカウンター席。オンライン予約時に選択することができる。

美しい小皿料理をおしゃれな空間で

　ネルビオン川をはさんで、リベラ市場のちょうど向かいにある1ツ星店。市場が子どもの頃の遊び場だったというオーナーシェフのアルバロ・ガリドさんは、そこで働く人たちと顔なじみ。彼らから仕入れた旬の食材を使い、10品120€、14品150€のコースメニューを提供しています。素敵な器に盛りつけられた料理の数々は美しく、小皿のなかのアートのよう。

　内装はカジュアルなビストロスタイル。ていねいな料理とサービスを提供できるようにと、席数は25名とやや少なめ。オープンキッチンなので、カウンター席からは調理の様子がながめられておもしろい。予約時に、カウンターとテーブル席のどちらを希望するか伝えましょう。カウンター越しに料理について質問することもでき、ひとりでも居心地よく食事が楽しめます。

上・知人宅を訪れているような安堵感を与えてくれるシンプルな内装。／右・チャレンジ精神旺盛なオーナーシェフのアルバロ・ガリドさん。活力あふれるリーダー。

Muelle Marzana s/n, Bilbao／☎944 795 938
https://www.restaurantemina.es
⏰14:00〜17:00、21:00〜22:30、月火曜休
英語メニュー ○
MAP ❖ P.97 [C-4]

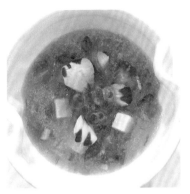

カランサ種という羊のチーズのパンナコッタ風。ショウガ
とメロン風味、イクラ添え。

ビスケー湾産のカツオ、海藻コディウムのエキスとダシ
仕立て。日本人の好みによく合う。

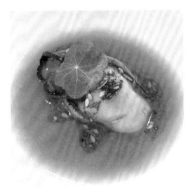

西フランス産ジラルドー牡蠣のエスカベーチェ（スペイ
ン風南蛮漬け）。適度な酸味がいい。

紫玉ネギのロイヤルとイカのスープ、ナバラ産キャビア
添え。味の組み合わせを楽しんで。

子牛のリードボォー（胸腺）の炭焼き。ふっくらとしてや
わらかく、なめらかで濃厚な味わい。

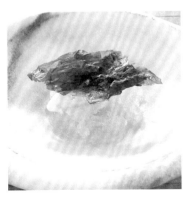

海の香りがするレモンシャーベット。クリスピーな海藻が
のせてある。甘くないデザート。

Zarate

サラテ

至福のひとときが味わえる1ツ星

和食にインスピレーションを受けたヒメジの刺身風。ショウガを混ぜたポン酢や生ワサビを添えて。

料理の味がさらに引き立つワインとともに。こちはビスカヤ産のMarkoというチャコリ。

　伝統料理をベースにしながらとてもクリエイティブ。オーナーシェフのセルヒオ・オルティスさんのていねいな素材選びとそのいかし方、繊細な味つけが素晴らしい。どんなものが食べられるかいつもワクワクします。「質の高い素材をいちばんいい状態で食べてもらいたい」というセルヒオさんのスペシャリテである魚料理は、ぜひお試しを。アラカルトでも頼めますが、11品112€のコースメニューもあります。とても充実した内容で、1ツ星レストラン体験としておすすめできる店。季節ごとに食材が変わるので、繰り返し行きたくなります。また、この店のデザートは甘さ控えめで個人的にも大好き。味よし、見ためよしで毎回楽しみです。サービスもていねいで、落ち着いて食事ができるのも◎。予約をおすすめします。

　2019年には姉妹店のバル、ラ・タベルナ・デ・サラテがオープン。トルティーリャがとくにおすすめです。

上・調理をするオーナーシェフのセルヒオ・オルティスさん（右）とスタッフ。／左・料理をつくっている様子を間近で見られ、説明を受けながら食事できるシェフズテーブル。

ふっくらとして味わい深いタラのグリル。タラ料理は塩抜きと焼きの加減がおいしさの決め手。

甘エビに似たキスキージャという小エビを使った一皿。こちらは生に近い状態でその繊細な味を楽しむ。

アラカルトメニューに米料理もあれば試してみて。こちらはチルラ貝と青のリソースのライス。

アーモンドのスフレとザクロのソース。甘い香りが漂う幸せなデザート。

Calle Licenciado Poza 65, Bilbao
☎944 416 521
https://zarate.restaurant
⊙ 13:30〜16:00、金土曜13:30〜16:00、
　 21:00〜23:00、木曜13:30〜16:00、
　 21:00〜22:30、月曜休
英語メニュー 〇/ MAP🧭P.96 [B-2]

La Taberna de Zarate
ラ・タベルナ・デ・サラテ

Calle Fernández del Campo 35, Bilbao
☎946 073 109
⊙10:00 (日曜11:00)〜23:30、月曜休
MAP🧭P.97 [C-3]

チョコレート系、フルーツ系、チーズ盛り合わせなど、デザートメニューも充実している。

Bistró Guggenheim Bilbao
ビストロ・グッゲンハイム・ビルバオ

30€以下で楽しめるコースメニュー

Solomillo asado（バスク豚のロースト）。適度に脂がのっていてとてもやわらかい。

上・メルルーサとムール貝の一品。お得なセットメニューでこのレベルの魚料理が食べられるのがうれしい。／下・Entrécula a la plancha（ハラミステーキ）。相性抜群の赤ピーマンのコンフィつき。

　入り口は別ですが、グッゲンハイム美術館（P.98）と同じ建物内にあるビストロ。見学前後に食事をしたい時に便利です。入り口近くのボックス席から奥まで、かなりゆったりとしたつくり。予約はオンラインで簡単にできます。建物の外や川がながめられる窓際の席を確保したいなら、予約時に電話かメールで問い合わせを。

　アラカルトと数通りのコースメニューがありますが、いちばんのおすすめは30€のコース。アミューズからはじまり、前菜、メインディッシュ、デザートをそれぞれ数種類のなかから選べます。食事にあまり時間をかけられない時は、メインディッシュとデザートで23.50€というセットを。いずれもパンと水がつきます。この手の施設に併設された店は便利だけれど味は期待できない、という思い込みがくつがえされます。

ビストロの入り口
は、美術館のロゴ
があるところ。のど
がかわいたら併設
のカフェテラスでひ
と休みするのも◎。

薄焼きのトルタの上にロース
トビーフと生ハム、たっぷり
の葉物野菜をのせた前菜。

アンチョアスにグリーンソースをからめていただく。旬の
時期や漁獲量によってメニューに含まれることが。

インゲンのサラダ。豚の加工肉のCabeza de jabalìとチ
ーズが好相性。

トリッハ（スペイン風フレンチトースト）とヨーグルトアイ
スのTorrija con helado。

Manzana asada, crema de limón（焼きリンゴとレモン
クリーム）。

Avenida Abandoibarra 2, Bilbao
☎ 944 239 333 ／ https://www.bistroguggenheimbilbao.com
🕐 13:00〜15:30、金土曜13:00〜15:30、20:00〜22:30、月曜休
英語メニュー ○／ MAP 🔖 P.97 [A-3]

ビルバオ郊外

Azurmendi
アスルメンディ

娯楽性にあふれた甘美な食体験を

　ビルバオ郊外の緑があざやかな丘の上に立つレストラン。エネコ・アチャさんは35歳という若さで3ツ星を獲得したシェフです。食事を提供する側とされる側、そしてそれを取り巻く環境などを総合的に未来へつなげて行くサステナブル（持続可能）というテーマに、率先して取り組んでいます。地元農家と自家菜園から日々調達する新鮮な食材を使った、伝統性と現代性のバランスがとれたメニューを提供しています。おいしく、目にも美しい品々ばかり。メニューはAdarrak（バスク語で木の枝）と名付けられた300€のコースのみです。ミニ植物園のようなスペースでのウエルカムドリンクとピクニックバスケットからはじまり、温室、キッチンなどを通ってダイニングルームへ。食のテーマパークのようなおいしさと楽しさが体験できます。

　敷地内には系列のカジュアル店エネコがあり、77€のコースメニューを提供しています。

©Azurmendi

上・地域性や伝統を大事にしつつ、常に新しいアイデアを探求しているエネコ・アチャさん。／右・再生可能エネルギーの利用など、エコシステムを採用している建物。

アミューズが入ったピクニックバスケット。この先どんな料理が出るのか期待が高まる。

Darrio Legina s/n, Larrabetzu
☎944 558 359／https://azurmendi.restaurant
🕐13:00〜14:45、金土曜13:00〜14:45、20:00〜21:15、月日曜休
英語メニュー ○／MAP ❖P.96［C-2］

Access
ビルバオ中心部からタクシーで約20分

キノコのスープ、涙豆とイベリコ豚のジュレ。春から初夏が旬の涙豆の食感と繊細な味わいが美味。

地産チャキナルト種のトウモロコシの粉でつくった生地に、魚のすり身をはさんだTALO（タロ）。

栗やイチジクなど季節によって食材が変わる森のデザート。各料理の盛りつけや演出も楽しい。

オマール海老のローストに赤ピーマンのソースを添えた定番料理、Bogavante asado。

Eneko エネコ

住所はアスルメンディと同じ
☎944 558 866
https://eneko.restaurant
🕐13:00〜15:30、金土曜13:00〜15:30、
　20:30〜21:30、月火曜休
英語メニュー ○／MAP🧭 P.96 [C-2]

新鮮な卵の黄身を小麦のシチューにからめて食べるエネコの定番料理。77€のコースメニューに含まれている。

ビルバオ郊外

Asador Etxebarri

アサドール・エチェバリ

最高の熾火焼きレストラン

　世界中から美食家たちが、はるばるこのレストランを目指してバスクの山あいの村、アシュペ・アチョンドまでやって来ます。大自然の懐に抱かれた別世界にいるような気分になる店。ここではまず薪を焼いて用意した熾火を専用の焼き台に敷き詰め、加熱調理をします。その日の食材に最適な火加減と時間を判断するには、つくり手の確かな目利きと熟練の腕が必要。オーナーシェフのビクトル・アルギンソニスさんがつくり出す料理は、その土地、その場所、その季節の素材でしか表現できないもの。自家菜園で栽培した野菜やハーブ、エディブルフラワーをその日の朝につみ、バッファローを飼いモッツァレラチーズをつくるという徹底ぶり。自然と共存しながら「食」を真摯に追及するこの店の料理に、すっかり魅了されたファンが日々増えていきます。メニューはコース280€のみで、予約必須。

Plaza de San Juan 1, Axpe Atxondo
☎946 583 042
https://asadoretxebarri.com
🕐 13:30〜15:30、
　月曜・8月・12月24日〜1月10日休
英語メニュー ○
MAP ➡ P.96 [C-2] (MAP外)

Access
ビルバオ中心部からタクシーで約35分

上・一見素朴で豪快だけれど、実は精細で深い味わいのあるチュレタ(熟成肉の骨つきステーキ)。／右・地中海の町パラモス産のエビ。絶妙な火入れ加減で、身は甘みがあり、ミソもおいしい。

上・4月〜初夏にかけてが旬の涙豆。ほかの食材を加えず、豆そのものを味わう。／左・日々の仕事を淡々とこなし、熾火焼きの達人道を極めるビクトルさん。

アンチョア、ヨーロッパイセエビ、ウナギ、ウサギなどのアミューズ。

シシャというキノコに季節のエディブルフラワーを添えて。

熾火で焼いた金目鯛に、カブの葉などのチスパ風グリーンソースを添えて。

築400年の古民家をリノベーションしたレストランと前田さん。オープンから半年で早くもミシュラン1ツ星を獲得した。

ビルバオ郊外

Txispa
チスパ

バスクと日本が融合する
夢の食体験

アサドール・エチェバリ (P.122) でビクトルさんのもと、長年スーシェフを務めた前田哲郎さんが2023年に独立し、同じアシュペ・アチョンド村にレストランをオープンしました。炭からはじける火花、ひらめきなどの意味を持つ「Txispa (チスパ)」という言葉を冠した店で、自身の熾火創作料理を提供してそれを食す人たちとよろこびを共有したいという前田さん。料理のために当日収穫される野菜は、自家菜園で専任の日本人スタッフが栽培しています。食材・技術・哲学においてバスクと日本が融合する、きっとほかに類を見ない食体験を味わえるはずです。メニューはパラモス産のエビやチュレタ、涙豆も含むコース250€ (飲みもの別) のみで、午後1時半に一斉スタートします。

アンボト山の麓、大自然のなかにある自家菜園。

Barrio San Juan 45, Axpe Atxondo
https://txispa.com
⊙ 13:20～ (ランチのみ)、月曜休
英語メニュー ○
MAP♣P.96 [C-2] (MAP外)

Access
ビルバオ中心部からタクシーで約37分

123

左・イチャスメンディ（P.24）のチャコリ。
国内外のワインの品ぞろえも豊富。／
右・ピキージョピーマンに肉や魚など
を詰めてソースで煮込んだ、バスクの
伝統料理の缶詰。

Club del Gourmet de El Corte Inglés
クルブ・デル・グルメ・デ・エル・コルテ・イングレス

専門知識を持つスタッフにおすすめや人気商品を聞いてみて。

おみやげ探しにぴったり

　スペインのデパート、エル・コルテ・イングレスの
6階にあるグルメショップ。2023年にリニューアル
し、明るく広々としていて気軽に見てまわれます。高
級食品やワインなどの種類が豊富で、アンチョアス
や伝統料理の缶詰などバスク地方でつくられたもの
も数多く並んでいます。ショップの奥にはバルやカ
フェもあるので、休憩にも便利です。

Calle Gran Vía de Don Diego López de Haro 7-9, Bilbao／☎944 253 500
🕘9:30〜21:00、日曜・祝日休／MAP 🍀 P.97 [B-3]

La Chinata
ラ・チナータ

充実のオリーブ製品専門店

　オリーブオイルを扱う専門店で、トリュフやロー
リエなど各種ハーブ入りのエキストラバージンオ
リーブオイルもラインナップ。食用以外の製品も
とても充実していて、スキンケア用のコスメや石
鹸、シャワージェル、ハンドクリームなどもあり、
価格が控えめなのがうれしい。高級感のあるパッ
ケージはギフト用にもおすすめです。

Calle Gregorio de la Revilla 1, Bilbao
☎944 415 227／https://www.lachinata.es
🕘10:00〜14:00、17:00〜20:00、土曜日10:30〜14:00、日曜休
MAP 🍀 P.96 [B-2]

上・エキストラバージンオリーブ
オイルを使ったシャンプーなど。
0.75€〜。／左・粒コショウ、ギン
ディージャ、オレガノ風味などの
オイル各8.20€。

日曜におばあちゃんの家に行くと、焼いて待っていてくれるようなリンゴのケーキ16.90€。

Martina de Zuricalday
マルティナ・デ・スリカルダイ

メレンゲ好きな娘のために、ビルバオのとある菓子職人がつくったCarolina（カロリーナ）。

子どもも大人も思わずのぞき込んでしまうかわいいショーウインドー。

6代にわたる老舗の
美しい菓子たち

　1830年創業のスペインバスクでは最古の菓子店。スペイン王室御用達として、チョコレートや焼き菓子を提供したこともあるそう。毎日のおやつから誕生日や結婚式など特別な日用のケーキまで、日々の生活のなかで季節や節目を彩る役目を担い、地元の人たちに愛され続けてきました。伝統を守りつつ時代に合わせてアレンジを加えた商品の数々が並ぶショーウインドーは華やかで美しく、足を止めてつい見入ってしまいます。

　ビルバオならではのBollo de mantequillaやCarolina、Pastel de arrozというお菓子もいいですが、私のいちおしは甘さひかえめなリンゴのケーキ。いい素材を使い、一つひとつていねいにつくられているのがわかる素朴なやさしい味わいです。

左・ミルクロールにバタークリームをはさんだBollo de mantequilla
各2.10€。／右・今日のおやつはどれにしようかな？ 菓子パンいろいろ1.50～2.40€。

Calle de Ercilla 43, Bilbao
☎944 435 796 / https://www.martinazuricalday.com
🕐9:30～14:30、16:30～21:00、
　火曜10:00～14:00、16:30～21:30、無休
MAP❖P.96［B-2］

【支店】Plaza San José 3, Bilbao ／ ☎944 241 346
※営業時間は本店と同じ／ MAP❖P.97［B-3］

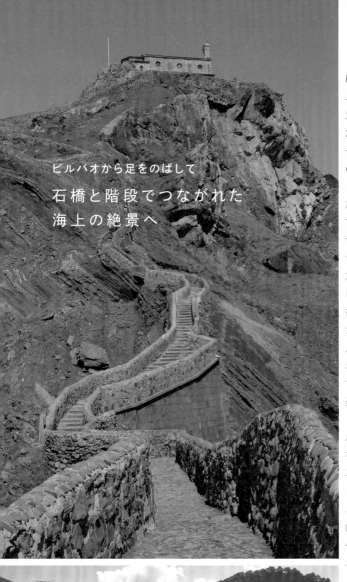

ビルバオから足をのばして

石橋と階段でつながれた
海上の絶景へ

ビスケー湾の荒波が打ちつける海岸に横たわる岩山ガステルガチェ。その荘厳な様は、巨大な城塞を思わせます。波に浸食されアーチ状に開いた穴や洞窟などの奇異な形、頂上のサン・ファン礼拝堂まで続くドラゴンの身体のようにうねった、241段ある石段の景観はとても印象的。その特異な姿が、世界的に人気のファンタジードラマシリーズのロケ地に使われたことで、訪れる人の数が急増しています。石段を上りきり礼拝堂の鐘を3回鳴らすと、願いが叶うともいわれています。頂上から望めるのは、写真では味わえない豪快な大自然のパノラマ。一見の価値がある絶景を楽しめます。

年間通して訪問できますが、おすすめは春から夏にかけてと初秋の好天の日。駐車場から石段までは2通りの行き方があり、なだらかな舗装道路を歩くと約40分、勾配の大きな細い山道を下ると約20分。健康で体力と脚力のある人向きのスポットです。山道はすべりやすく、風が強い日は石段も危険なので悪天候時は避けたほうがいいでしょう。駐車場近くのバル・レストランは食事や休憩におすすめです。

上・勾配が急なので、歩きやすい靴と、動きやすく天候の変化に対応できる服装で行こう。／下・石段の途中で陸地側を見下ろしてみる。上り下りする人にぶつからないよう気をつけて。

石段に向かう山道の途中にある脇道を左に入ると、全景が望める展望台がある。

San Juan de Gaztelugatxe
サン・ファン・デ・ガステルガチェ

⊙ 8:00〜20:00（礼拝堂19:30）、無休／⊖ 無料
※事前にサイトでチケットの予約が必要→〈Gaztelugatxe Tiketa〉
https://www.tiketa.eus/gaztelugatxe/?lang=en
MAP ⚑ P.6

上・古くは厄払い、子宝、病気平癒など祈願してこの礼拝堂の鐘を鳴らす人が多かったそう。／左・頂上までに14本の十字架があり、1本めのここが石段のはじまり。

Access

ビルバオ中心部からタクシーで約40分、またはバスを利用。ビルバオ発などのオプショナルツアーもある
【バスでのアクセス】6〜8月頃：ビルバオのMoyua Plaza近く、Elcano K. 5からBakio y Bermeo（バキオとベルメオ）行きBizkaibusのA3517のバスに乗り約70分。Gaztelu Begi（ガステル・ベギ）で停まるバスや乗車時に確認を。降りるバス停が近くなったら教えてくれるようお願いするといい／9〜6月初旬頃：ビルバオのMoyua Plaza 6からA3518のバスに乗り約45分、Bakioで下車。ミニバスA3524に乗り換え約10分（2時間に1本・平日運行）、Gaztelu Begiで下車
※アクセスの最新情報はビルバオの観光案内所（P.99）で確認を。バスの時刻表ももらえる

駐車場近くにあるバル・レストラン「Eneperi（エネペリ）」（https://eneperi.com）。キャラメリゼしたリンゴに鴨のもも肉とフォアグラをのせて。40€のコースもある。

山道にはトイレがないので、この店で利用したほうがいい。月火曜日休み。

ビルバオから足をのばして
自然のなかで育まれる
チーズに出会う

©Izoria Baseria

緑豊かな大自然のなかで放牧される羊たち。
バスクならではのおだやかな光景がそこにある。

Izoria Baseria
イソリア・バセリア

Barrio Ibarra 27, Izoria
☎945 399 138
https://www.facebook.com/
izoria.valledeayala/
⏱ 不定休。訪問希望の場合は問い合わせを
MAP❖P.6

Access
ビルバオ中心部からタクシーで約30分

ビルバオからしばらく車を南に走らせ、アラバ県に入ると、絵本で見たような牧歌的な風景が目の前に広がります。サルバダ山脈を遠くに望むアヤラ谷には牧草地が広がり、カセリオと呼ばれるバスクの伝統的な農家が点在しています。そのうちの一軒が、イディアサバルチーズづくりと養蜂を代々家族で営んでいるイソリア工房。イディアサバルチーズはバスク固有の羊であるラチャ種とカランサナ種の羊乳でつくられ、セミハードタイプはなかがアイボリーまたは淡い黄色をしています。やわらかく弾力性があり、わずかに酸味と辛みが感じられ、バランスのとれた個性的な後味が残ります。

この工房では2月から6月にかけて、1頭あたり100ℓのミルクを出す羊を300頭飼っています。チーズづくりは家族が代々受け継いできた昔ながらの製法で、原料は羊乳、凝固剤の役割をする子羊の胃袋、そしてアニャナ塩田の塩だけ。添加物や保存剤などは一切使われていません。このような取り組みは質のいい製品を提供するだけではなく、千年前からの放牧文化の維持や農村の活動促進、地域の自然環境保護にも貢献しています。チーズと蜂蜜は工房で購入が可能。または近隣の市場や収穫祭などでも販売されています。

左・近隣の市場や収穫祭で
販売されるイソリア工房の
チーズ。／下・わが子を慈し
むような眼差しでチーズの
出来具合をチェックするレ
イレ・イバロラさん。

左・温度管理がされた貯蔵
庫で熟成されるセミハード
タイプのイディアサバルチ
ーズ。／右・絶滅寸前だっ
たアヤラ谷特製のレシピを
復活させたチーズ、Queso
del cesto（ケソ・デル・セス
ト）も生産している。

上・山岳地帯にあ
るヒースの花の蜜
から、栄養価が高く
コクのあるおいしい
蜂蜜ができる。／
下・樫の木の幹をく
りぬいて使われて
いた100年以上前
の養蜂箱が展示さ
れている。

左・チーズ同様、自然な工程で生産されている蜂蜜。／右・ワール
ド・チーズ・アワードで銀賞を受賞したこともある。

ビルバオから足をのばして

谷間に広がるアニャナ塩田を見学

斜面を利用した棚田。白く見えるのは区画された塩棚に敷いてある大理石の敷石の色。

　海のないアラバ県のこんな山間部で、なぜ塩がとれるのか──。この谷間の地中深くにはスペインで最大の岩塩層があり、そこに沁み込んだ地下水が地上へ押されて塩分を含んだ水が泉に湧き出ているそうです。中世の時代に塩の産地として栄えた後は、長い間産業も施設も廃れてしまっていましたが、民俗学的にも観光資産としても価値があるということで再開発され公開されています。ガイドツアーでは塩づくりに使用中、補修中のエリアを見ることができます。ミネラルを豊富に含んだ良質な塩は、塩田併設のショップやバスク各地の小売店で販売されているほか、バスクやカタルーニャのミシュラン星つきレストランなどでも使用されています。

©Valle Salado de Añana

上・天気が安定してくる初夏、6月頃からが塩づくりのシーズン。／左・塩水を汲み上げる古式なシステム。作業用の枠内に塩水を浅く流し込む。

Valle Salado de Añana
バジェ・サラド・デ・アニャナ

Calle Real 32, Salinas de Añana
☎945 351 111／https://www.vallesalado.com
🕐4月〜10月15日10:00〜18:00、
　10月16日〜3月／〜金曜11:00〜、
　土日曜10:00〜（最終見学時間は日によって変動）、無休
💶ガイドツアー塩田9€、塩田と源泉11.50€。
　ホームページから要予約／MAP ➡ P.6

Access
ビルバオ中心部からタクシーで約1時間、ビトリア・ガステイスから約20分

左・できた塩はまず棚下にまとめられ、別施設の製塩室へ運ばれる。／右・塩水スパ。腰かけて手足を塩水に浸せるスペースもある。

フランスバスク

買いものが楽しめるガンベッタ通りやビーチへと続く中心地、ルイ14世広場周辺。

ショッピングとスイーツを楽しもう

ショッピングやバカンスを楽しむ人が
行き交うガンベッタ通り。

サン・ジャン・バプティスト教
会内には、港町らしく航行の
安全を願い船が祀ってある。

Saint-Jean-de-Luz

サン・ジャン・ド・リュズ

　スペインとの国境から15kmほどの港町ですが、近年は海辺のリゾートタウンとして人気を集めています。白壁に赤い窓枠がかわいらしい街並みが特徴的。まずはメインストリートのレオン・ガンベッタ通りを歩いてみましょう。バスク生まれの靴、エスパドリーユ専門店をはじめ、バスクリネン店、雑貨店、食材店や菓子店などが並んでいます。この通りを往復するだけでも気になる店がいくつも見つかるはず。歴史深いサン・ジャン・バプティスト教会にも入ってみましょう。ここはフランスのルイ14世とスペイン王女マリー・テレーズの結婚式が行われたことで知られ、内部の壁に沿って設置された木製のバルコニーが独特。レオン・ガンベッタ通りと交差する何本かの通りにも、素敵な店が点在しています。コンパクトな町の中心部にバラエティに富んだ店が密集しているので、それほど移動しなくてもショッピングやグルメが十分楽しめます。

　午前中に町に着いたら、マルシェをのぞいてみるのもいいでしょう。おすすめはチーズ専門店で、種類の多い品ぞろえに圧倒されます。おだやかで美しいビーチをながめるのもお忘れなく。

右・バスク十字のラウブルやベランダの花のアレンジメ
ントがかわいい。／下・レオン・ガンベッタ通りからわず
か150mほどの美しいビーチ。沖に防波堤があるので波
がおだやか。

この港で水揚げされる魚介が、地域
の食生活を豊かにしている。

Access

サン・セバスティアン・バスターミナルか
らバスで約45分。ビアリッツ・ヘイ・バス
クなど北からバスで約30分。ビアリッツ
のLaraldeやJardin Publicなどから空
港でバスを乗り換え約1時間。バイヨン
ヌから列車で約30分、またはPlace des
Basquesからバスで約50分

○サン・ジャン・ド・リュズ中心部MAP

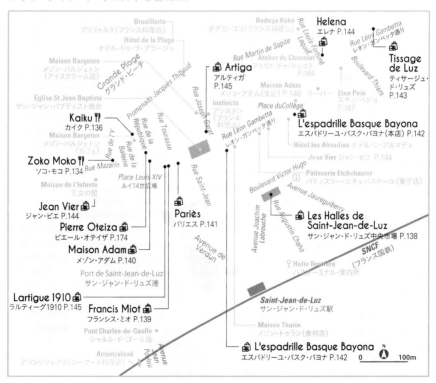

Brouillarta
ブリリャルタ（フランス料理店）

Hôtel de la Plage
オテル・ドゥ・ラ・プラージュ

Maison Bargeton
メゾン・バルジェトン
（アイスクリーム店）

Église St Jean Baptiste
サン・ジャン・バプティスト教会

Kaiku ♥♥
カイク P.136

Maison Bargeton
メゾン・バルジェトン
（カフェ）

Zoko Moko ♥♥
ソコ・モコ P.134

Maison de l'Infante
王女の館

Jean Vier
ジャン・ビエ P.144

Pierre Oteiza
ピエール・オテイザ P.174

Maison Adam
メゾン・アダム P.140

Port de Saint-Jean-de-Luz
サン・ジャン・ド・リュズ港

Lartigue 1910
ラルティーグ1910 P.145

Francis Miot
フランシス・ミオ P.139

Pont Charles-de-Gaulle
シャルル・ド・ゴール橋

Arrantzaleak
アランツァレアク（シーフード料理店）へ

Grande Plage
グランド・ビーチ

Promenade Jacques Thibaud

Rue de l'y

Rue de la République

Rue de la Balène

Rue Mazarin

Rue Tourasse

Place Louis XIV
ルイ14世広場

Pariès
パリエス P.141

Rue Joseph Garat

Rue Saint-Jean

Avenue de Verdun

Avenue Poxliou

Bodega Koko
ボデガ・ココ（フランス料理店）

Rue Martin de Sopite

Atelier du Chocolat
アトリエ・ドゥ・ショコラ
P.164

Artiga
アルティガ
P.145

Maison Adam
メゾン・アダム（支店）P.140

Instincts
アンスタン
（フランス
料理店）

Rue Léon Gambetta
レオン・ガンベッタ通り

Place duCollège

Rue Louis Fortuné Loquirant

Helena
エレナ P.144

Rue Léon Gambetta

Tissage
de Luz
ティサージュ・
ド・リュズ
P.143

Boulevard Thiers

Etxe Peio
エチェ・ベジョ
P.167

スーパー

L'espadrille Basque Bayona
エスパドリーユ・バスク・バヨナ（本店）P.142

Hôtel les Almadies オテル・レ・アルマディ

Jean Vier ジャン・ビエ P.144

Pâtisserie Etchebaster
パティスリー・エチェバステール（菓子店）

Boulevard Victor Hugo

Avenue Jaureguiberry

Avenue Joachim Labrouche

Rue Augustin Chaho

Les Halles de
Saint-Jean-de-Luz
サン・ジャン・ド・リュズ中央市場 P.138

SNCF
（フランス国鉄）

♀ Halte Routière
バスターミナル・案内所

Saint-Jean-de-Luz
サン・ジャン・ド・リュズ駅

Maison Thurin
メゾン・トゥラン（食材店）

L'espadrille Basque Bayona
エスパドリーユ・バスク・バヨナ P.142

N

0   100m

Zoko Moko

ソコ・モコ

フランスバスクでいちばんおすすめ！

　町のショッピングエリアとは反対方向の港に近い静かな路地にあります。外観も内装もとてもシンプルですが、フランスバスクならではのエスプリを感じられる品のいい店。あたたかみのあるフレンドリーな雰囲気のなかで、この地域の特産品をいかした料理を食べられます。前菜、メインディッシュ、デザートのセットメニューは3種類。火〜土曜のランチタイムのみ提供するメニュー・ド・マルシェ25€、料理の選択肢が多い39€のセット、そして肉料理と魚料理のふたつのメインディッシュを含むテイスティングメニュー50€。予算や好みに合わせて選びましょう。季節によりメニューの内容は変わりますが、どれもおいしいものばかり。洗練された味と美しい盛りつけで、行くたびにお気に入り度が上がります。人気店なので予約必須です。

スッキーニやカブ、ニンジン、フェタチーズなどを組み合わせたキュウリの冷製スープ。

6, rue Mazarin, Saint-Jean-de-Luz
☎05 59 08 01 23
https://www.instagram.com/zokomoko.restaurant/
🕐12:30〜14:00、19:30〜22:00、月日曜休
英語メニュー ×
MAP❖P.133

店内は落ち着いたきれいな色合いでまとめられていて、さりげなくエレガント。

気さくでありながらていねいな対応が心地いいスタッフたち。おいしい食事をカジュアルに楽しませてくれる。

豚ヒレ肉のロースト。ホクホクした食感のアーティチョークとそのピューレも添えて。

とてもやわらかい牛タンのコンフィ。合わせたビーツは、生の千切りとゆでたもの。

うま味が凝縮された肉汁ソースをからめながらいただく、ローストチキンと根菜パネ。

サブレの上に果実とアイスをのせたアプリコットのデザート。ほのかにハーブの香りが。

クリーム、アイス、フィナンシェのすべてにピスタチオが使われている。フルーツとも好相性。

Kaiku

カイク

カジュアルに楽しめる1ツ星レストラン

36時間低温の油でじっくり調理したバスク・キントア豚（P.174）の肩ロース。季節の野菜とともに。

　シェフのニコラス・ボロンボさんは、パリのGeorge V
やCrillonなど一流ホテルのレストランでの勤務を経て、
自身のルーツであるバスクから独自の洗練された料理を
提供しています。吟味された材料の鮮度と的確な調理法
とのコンビネーション、さまざまなインスピレーションを食
材を使って具現化する表現力──。どの皿もていねいな
盛りつけにアートのような美しさがあります。中世を思わ
せる古い石づくりの建物のなかは外からうかがえません
が、シックでとても上品な内装です。1ツ星ですが敷居
は高くありません。アラカルトのほかにアミューズ、前菜、
メインディッシュ、デザートで55€のランチメニューや、
さらに高級感のある2種類のコースメニュー88€、
118€があります。予約必須。

コース料理のはじめに出てくるアミューズもちょっとした楽しみ。

町の中心地とビーチを結ぶ路地
にある、落ち着いた佇まいの店。

上から／青リンゴ、クレソンのクーリ（ソース）、レモンムース、ライムジュレと
組み合わせたサバのマリネ。／ホワイトアスパラガスに、コダラ（鱈）風味のヴ
ルーテソースとハーブのセルフィーユをのせて。／下・アーモンドショートブ
レッドの上にレモンクリーム、カシューナッツ、マンゴーソルベが。

シックな色合いの内装とテーブルセッティング
が華やかな料理をいっそう引き立てる。

17, rue de la République, Saint-Jean-de-Luz
☎ 05 59 26 13 20
https://www.kaiku.fr
🕐 12:30〜13:30、19:30〜21:30、月日曜休
英語メニュー ×
MAP ❖ P.133

マルシェめぐりが楽しいフランスバスク

その土地の人たちの豊かな食生活を支えるマルシェ（市場）。フランスバスクにもそれぞれの町にあります。サン・ジャン・ド・リュズでは常設の屋内マルシェに加えて、火曜と金曜（夏場は土曜も）は屋外マルシェも立ち、通路が人であふれるほどのにぎわいに。色あざやかな野菜や果物、ジャム、蜂蜜、ガトー・バスクなどの焼き菓子、そして膨大な種類のチーズ——。ホテルで食べられるものを少しずつ買いながら見てまわるのも楽しいもの。混み合っている時はわかりにくいかもしれませんが、店ごとに注文や会計を待つ列ができているので、様子を見て最後尾に並んで順番を待ちましょう。

マルシェのなかでも断トツに人気のチーズ専門店「Beñat Fromager」。かなりの品ぞろえ。

上左・季節のフルーツはマルシェで買うと新鮮でとてもおいしい。／上右・港町なので魚介類も豊富。近隣の町からも買いもの客がやって来る。／右・いろいろな店があるので、とりあえず軽く一周してみてから、気になった店に行くのもいいかも。

Les Halles de Saint-Jean-de-Luz
サン・ジャン・ド・リュズ中央市場

Boulevard Victor Hugo, Saint-Jean-de-Luz
🕐 7:00〜13:00、無休／MAP❖P.133

そのほかの町のマルシェ

Les Halles de Biarritz
ビアリッツ中央市場

11, rue des Halles, Biarritz ／ https://halles-biarritz.fr
🕐 7:30〜14:00、無休／MAP❖P.148

買いものや見物後に、市場のカフェテラスでひと息つくのもいい。

身近では見かけないような野菜や果物にも出会えるかも。

Les Halles de Bayonne
バイヨンヌ中央市場

2, quai du Commandant Roquebert, Bayonne
🕐 7:00〜13:30（金曜14:00）、土曜6:00〜14:30、日曜・祝日8:00〜14:30、1月1日・12月25日休
MAP❖P.155

Francis Miot
フランシス・ミオ

ジャムの王様、
ミオジャムを味わって

　バイヨンヌから東に約100kmの
ポーという町で生まれ、世界のジャム
コンテストで何度も金賞に輝いている
大人気のブランド、フランシス・ミオ
のジャムをサン・ジャン・ド・リュズで
も買うことができます。フルーツの自
然な風味を楽しめる人気ラインのジャ
ムは、きび砂糖入り（赤）、きび砂糖な
し（緑）とフタの色で区別されています。
また、イチゴやブルーベリー、アプリ
コットやマーマレードなどの定番品に
加えて「シェフの秘密」「ラ・パリジェン
ヌ」や、秋にだけつくられる「魔女の
ジャム」など、複数のフルーツや花の
香りをミックスしたものなど、どんな
味か気になるものもそろっています。
とにかく種類が豊富なので試食するか、
買って食べくらべてお気に入りを見つ
けましょう。

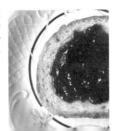

一度味わった
ら、このブラン
ドのジャムばか
り食べたくなっ
て困るほど。

上・フランス南西部
に4つしかない直営
店のひとつがサン・
ジャン・ド・リュズに
ある。／左・黒サク
ランボを75％使用し、
天然果糖の甘みを
いかした40％減糖
のジャム6.50€。

オレンジの苦味とウイ
スキーの香りが特徴
的なジャム5.70€は、
余韻が残るおいしさ。

イチゴとモレロチェリーとポピー
（左）、ブルーベリーとスミレ（右）を
ブレンドしたジャム各4.20€。

7, rue Léon Gambetta, Saint-Jean-de-Luz
☎05 59 41 15 43／https://www.francis-miot.com
🕘10:00〜13:00、14:30〜19:00、無休
MAP⇨P.133

139

Maison Adam
メゾン・アダム

バスクのマカロンは素朴な焼き菓子

上・白い壁に赤が映える外観は街のランドマーク的な存在感がある。／左・自分用にもおみやげ用にも。冷蔵庫に入れておけば10日間ほど日持ちする。

　1660年、フランス国王ルイ14世とスペイン国王フェリペ4世の娘マリー・テレーズがこの町で結婚式を挙げました。その際に献上されたのがこの店のマカロン。パリのカラフルなマカロンと違い、バスクのものは素朴な焼き菓子といった感じ。伝統のレシピを守り続け、当時と同じ味を保っているそうです。外はサクサク、なかはもっちりした食感がおいしい。おみやげ用には素敵な箱や缶入りのものを。自分用に1€でひとつ買って、散策しながら食べるのも◎。

　ガトー・バスクは今までいろいろな菓子店のものを食べましたが、私はこの店のものがいちばんおいしいと思っています。チョコレートやトゥロン（ヌガータイプ）などもいいですが、この町に来たならこの店のマカロンとガトー・バスクをぜひ味わってください。

ガトー・バスク各2.30€。スタンダードな黒サクランボジャム、カスタードクリーム入り、ほか数種ある。

6, rue de la République, Saint-Jean-de-Luz
☎05 59 26 03 54
https://www.maisonadam.fr
🕘9:00〜19:30、無休
MAP🔗P.133

Pariès
パリエス

黒サクランボなどのジャム
も数種類販売している。

5世代続いている老舗菓子店

　創業者ジャック・ダメストワさんは、バイヨンヌの老舗ショコラトリー「カズナーヴ」(P.160)でチョコレート職人として働きはじめ、1914年この町に最初の店を持ちました。生チョコレート、ガトー・バスク、カヌーガスやムシューというオリジナル商品などが続々と登場。支店も増え、1世紀以上にわたって発展してきたファミリー・ビジネスです。原材料は世界各地から集めた最高級のカカオ、アーモンド、そして地元の生産者から調達する新鮮な卵、牛乳、小麦粉など。伝統的な手法とていねいな作業によって、おいしいお菓子をつくり続けています。店内ではどれにしようか目移りしてしまいますが、日本語のパンフレットが用意されているので、まずそれをチェックしてみて。郊外のアトリエでは試食つきの見学ツアーも行われています。

ほどよい甘味とレモンカードの酸味が混ざり合うタルトシトロン5€。

ミルクキャラメルのムースに
洋梨のコンポートをのせた
シャルロット。

上・ガトーバスク・シトラス。さわやかな柑橘類の風味とアーモンドクリームのバランスが絶妙。/下・スペシャリテ「ムシュー」は、やわらかいマカロンのようなお菓子。5種類のフレーバーがある。

9, rue Léon Gambetta, Saint-Jean-de-Luz ／☎05 59 26 01 46 ／ https://www.paries.fr
🕘 8:30〜19:30、5月1日休／MAP✣P.133
【ビアリッツ店】1, place Bellevue, Biarritz ／☎05 59 22 07 52 ／🕘 9:00〜19:30、5月1日休／MAP✣P.148
【バイヨンヌ店】14, rue Port Neuf, Bayonne ／☎05 59 59 06 29 ／🕘 9:00〜19:30、5月1日休／MAP✣P.155
【サン・セバスティアン店】Plaza Euskadi 1, San Sebastián ／☎685 752 431
🕘 8:30（日曜9:00）〜20:00、土曜9:00〜21:00、無休／MAP✣P.33 [B-3]

L'espadrille Basque Bayona
エスパドリーユ・バスク・バヨナ

エスパドリーユを履いてバカンス気分

　レオン・ガンベッタ通りを歩いていれば必ず目に入る専門店。本店は店の前においてある巨大な木彫りのエスパドリーユが目印です。店内の棚にはぎっしりと、定番の無地のエスパドリーユが詰まっています。ストライプ柄はシンプルな2色ものからカラフルなものまであるので、服とのコーディネートを考えながら決めるのも楽しい。サンダルタイプのものもあります。数あるなかからお気に入りが見つかったら、自分のサイズを伝えて出してもらい、試し履きしてみましょう。たとえば日本サイズの23cmがEUサイズでは37です。フィット感が大事なので2サイズは履きくらべてみて。キャンバス地のボディとジュートのソールが素足に触れる感覚は、なんともいえない心地よさ。そのままビーチまで散歩に出かけたくなります。

ずらりと並ぶエスパドリーユ、さてどれにしようかな。定番の無地、トライプは27～30€。

伸縮性のあるクロスベルトつきで、ほどよく足にフィットするサンダルタイプ各59€。綿麻素材のさわやかな服に合わせたい。

2019年にサン・ジャン・ド・リュズの2店目としてオープンした店舗（写真はすべてこの店舗で撮影）。

30, rue Léon Gambetta, Saint-Jean-de-Luz
☎ 05 59 26 83 10／https://www.bayona.fr
◷ 10:00～13:00、14:00～19:00、無休／MAP❖P.133

60, rue Léon Gambetta, Saint-Jean-de-Luz（本店）／☎ 05 59 51 96 41
◷ 10:00～13:00、14:00～19:00、無休／MAP❖P.133
【バイヨンヌ店】16, rue Lormand, Bayonne／☎ 05 16 63 50 44
◷ 10:00～13:00、14:00～19:00、月日曜休／MAP❖P.155

お気に入りのバスクリネンを探しに

バスクリネンは、バスク地方の生活や文化の歴史と深いかかわりを持っています。古くは農民が強い太陽の日差しや害虫から保護するために、牧牛の身体にかける布として使われていました。その後はモダンなデザインがほどこされ、生活のなかのいろいろな場面で使われるように。クラシックなバスクリネンに織り込まれている7本のラインは、スペイン領のアラバ、ビスカヤ、ギプスコア、ナバラと、フランス領のラブール、低ナバラ、スールの計7つの地域をあらわしています。

上質な綿や麻などの天然素材を使い、伝統的な工程でていねいに生産される丈夫なバスクリネンは、その色合いやデザインを時代に合わせて変化させ、現在もバスクの人々に愛され続け、世界にもファンを増やしています。ブランドによって異なるリネンの個性や風合いを感じながら、自分のお気に入りを探してみましょう。

一生もののテーブルクロス

Tissage de Luz

ティサージュ・ド・リュズ

1908年当時の創業者が掲げた「100年使えるようなリネンを」というポリシーを現在も継承。伝統的な技術をいかしながら、現在のトレンドに合った色調のコレクションを毎シーズン発表しています。

キッチンのアクセントになるトーション（キッチンクロス）11.50€〜。

上・肌触りのいい100%オーガニックコットンのハニカム織タオル。／右・色の組み合わせや食器の並べ方など、自宅でも真似してみたくなる店内ディスプレー。

83, rue Léon Gambetta,
Saint-Jean-de-Luz
☎05 35 45 96 70
https://www.tissagedeluz.com
⏰10:00〜13:00、14:00〜19:30、月曜10:00〜12:30、14:30〜19:30、日曜休
MAP ❖ P.133

幸せな気持ちになるリネン
Jean Vier ジャン・ビエ

　美しい色のコレクションは、キッチンやバスルームに上品な華やかさを与えてくれます。リネンのほかに食器類などもあり、トータルでバスク文化を大事にした生活様式をプロデュース。

1, rue de l'Infante, Saint-Jean-de-Luz
☎05 24 33 85 07／https://www.jean-vier.com
🕐 10:00〜19:00、無休／MAP📍P.133
※サン・ジャン・ド・リュズにもう1軒、ビアリッツに2軒（MAP📍P.148）と、バイヨンヌ（MAP📍P.155）に支店あり

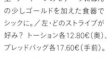

上・ツートーンのモチーフにほんの少しゴールドを加えた食器でシックに。／左・どのストライプが好み？ トーション各12.80€（奥）、ブレッドバッグ各17.60€（手前）。

上・コットン50%、リネン50%の天然素材でつくられたナプキンは手触りがいい。／左・ビニールコーティング加工された、色あざやかなテーブルクロス生地。

エレガントなリネンならここ
Helena エレナ

ひかえめなやさしい色のリネンが好きな人におすすめのブランド。シンプルなデザインなので飽きがきません。上質な生地の風合いは、手にとってみるとよくわかります。1947年創業。

グラデーションがきれいなラヴワルの刺繍入りハンカチ各5.35€。

8, rue Louis-Fortuné Loquin, Saint-Jean-de-Luz
☎05 59 85 35 27
https://www.helena-saintjeandeluz.com
🕐 10:00〜12:30、14:30〜19:00、日曜休
MAP📍P.133

上・定評のある上質な生地はオーガニックコットン100%。漂白剤も使用可。／右・トーションの手触りのよさ、使いやすさは、ぜひ使って試してほしい。1枚7.50€〜。

普段使いが楽しい小物たち

Artiga アルティガ

2001年にエスプレットで生まれたブランド。ほかとくらべて独特な発色のよさ、カラフルさが特徴的。伝統的な製法を守りつつ、日常生活を楽しくする新製品を毎年提供しています。

13, rue Joseph Garat, Saint-Jean-de-Luz
☎05 59 23 12 63／https://www.artiga.fr
🕙 10:00～13:00、14:00～19:00、月日曜休
MAP 💠 P.133
※ビアリッツ(MAP 💠 P.148)、
バイヨンヌ(MAP 💠 P.155)、
エスプレット(MAP 💠 P.167)に支店あり

上・気に入った生地を買って、ランチョンマットやクッションカバーなどをつくってみたくなる。／右・サーモンピンクにオリーブ色の差し色がきれいなテーブルクロス。

生地の色合いと風合いに一目惚れ。ナプキンは同色2枚セットで25€。

迷ったらよりワクワクするほうを

Lartigue 1910

ラルティーグ1910

きれいな色合いのストライプと豊富な商品の数々。小物やキッチン用品などすぐ使いたくなるものがそろいます。サン・ジャン・ド・リュズ近郊の村アスカンには工房併設のショップも。

7, rue Léon Gambetta, Saint-Jean-de-Luz
☎05 59 41 20 43
https://www.lartigue1910.com
🕙9:30～12:30、14:00～18:00、土曜9:30～19:00、月日曜休
MAP 💠 P.133
※ビアリッツ(MAP 💠 P.148)、
エスプレット(MAP 💠 P.167)に支店あり

上・携帯電話、メガネ入れにも使えるソフトケース10€。／左・豊富な色のバリエーションのなかから、好みのものを探し出すのも楽しい。エプロン36€。

アスカンの工房では、織り出されている生地を見ることができる。

左・ゆっくり進む列車にゆられながら壮大な景色をながめていると、だれもが自然と笑顔になる。／右上・放牧されている「ポトック」というバスクのポニーに会える。／右下・頂上にはカフェがあり、軽食を取ることができる。絶景を見ながらのコーヒータイムも最高。

聖なる山ラ・ルーヌの登山列車

　スペインとフランスの国境地帯に位置する標高約905mのラ・ルーヌ山。晴天の日はスペイン側のサン・セバスティアンからフランス側のビアリッツやその先の海岸線、そして内陸部に連なるピレネー山脈の稜線など360度の大パノラマを頂上から見渡すことができます。この山に登山鉄道が開通したのは1924年のこと。当時はサン・ジャン・ド・リュズで夏のバカンスを過ごす上流階級の避暑客たちが利用していたそう。約4.2kmの行程を時速8kmで約35分かけて上るので、沿道の景色をゆっくりながめられます。

　古くはバスク神話や魔女伝説の舞台になり、二国間の密輸ルートだったこともあるラ・ルーヌ山。スペイン内戦や第二次世界大戦時には、多くの亡命者がここを越えフランスに向かいました。この山の頂上に立ち雄大な山々とビスケー湾の風景をながめていると、そんなバスクの歴史の流れに思いを馳せずにはいられません。

上・レトロな木製の車両は開通当時のまま。山の天気は変わりやすいのでジャケットは必須。／左・登山列車の発車駅。バス停「サン・イグナス峠」のすぐそばにある。

Le Train de La Rhune
ル・トラン・ド・ラ・ルーヌ

Col de Saint-Ignace, Sare
☎05 59 54 20 26／https://www.rhune.com/en/
⏰ 参考運行時間2023年6月3日～7月9日・9月4日～11月5日上り9:30～16:10発、下り11:30～18:10発、7月10日～9月3日上り8:20～17:30発、下り10:10～19:30発（いずれも40分ごとに出発）、冬季休（営業期間中も天候により運休あり）
※最新の運行時間はサイトで確認を
💶 往復22€　※乗車券はオンライン予約できるほか、サン・ジャン・ド・リュズ駅前のバス案内所でも購入可／MAP❖P.7
サン・ジャン・ド・リュズ駅前のバスターミナルからLur Berri（ルル・ベリ）、Sare（サール）行き45番のバスに乗り約20分、Col de St.Ignace（サン・イグナス峠）で下車。またはサン・ジャン・ド・リュズから車で約15分
Txik Txak　https://www.txiktxak.fr

Biarritz

ビアリッツ

グランド・ビーチに並ぶカラフルなストライプ柄の日よけは、夏のビアリッツの風物詩。

　フランス皇帝ナポレオン３世の皇后がこの地に別荘（現オテル・デュ・パレ）を建てたことで、ビアリッツは王侯貴族の保養地として注目され、その後も高級リゾート地として栄えてきました。白砂が美しいビーチがいくつもあり、町の中心部に近いグランド・ビーチには大勢の海水浴客がやってきます。またこの地方独特の気候による風と水の動きによって変化に富むいい波が生まれることから、世界中からサーファーたちも訪れます。

　海辺に沿って歩くと、ここがかつて小さな漁村だったことを思い出させてくれる小さな港とシーフードレストランが数軒あります。さらに荒波に打たれ浸食された海岸線を進んでいくと、「聖母の岩」が見えてきます。漁師たちの安全を祈る白い聖母像が立つ奇妙な形の岩で、ギュスターヴ・エッフェルが手がけた鉄橋がかかっています。近くにはおだやかなかわいらしいビーチが。そこから町の中心にのびるいくつかの路地にはリゾート地らしい素敵な店がたくさんあり、散策しながらショッピングが楽しめます。

散策の途中、シーフードレストランが並ぶ港を見下ろしてみる。ビアリッツは坂が多い。

左から／小さな入り江のポール・ヴュー・ビーチ。／ポール・ヴュー・ビーチを見下ろせるカフェもある。／5ツ星で最上級「パラス」の称号を持つ、オテル・デュ・パレ。

マルシェ近くの日用雑貨店。ちょっと寄るつもりが長居してしまいそう。

ショッピング街の中心地にあるカフェ。散策中、ひと休みしたい時にも便利。

Access

ビアリッツ・ペイ・バスク空港から町の中心部までバスで約12分、タクシーで約10分。サン・ジャン・ド・リュズから空港でバスを乗り換え約1時間。ハイヨンヌのPlace des Basquesからバスで約30分

「聖母の岩」とそこへ続く鉄橋。荒波が打ちつけ、強い風が吹いていることが多い。

◎ ビアリッツ中心部MAP

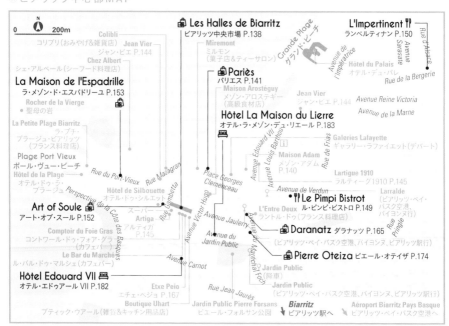

0　　200m

Colibli
コリブリ（おみやげ＆雑貨店）

Jean Vier
ジャン・ビエ P.144

Chez Albert
シェ・アルベール（シーフード料理店）

La Maison de l'Espadrille
ラ・メゾン・ド・エスパドリーユ P.153

Rocher de la Vierge
● 聖母の岩

La Petite Plage Biarritz
ラ・プチ・プラージュ・ビアリッツ（フランス料理店）

Plage Port Vieux
ポール・ヴュー・ビーチ

Hôtel de la Plage
オテル・ドゥ・ラ・プラージュ

Rue du Port-Vieux

Rue Mazagran

Hôtel de Silhouette
オテル・ドゥ・シルエット

スーパー

Art of Soule
アート・オブ・スール P.152

Artiga
アルティガ P.145

Perspective de la Côte des Basques

Comptoir du Foie Gras
コントワール・ドゥ・フォア・グラ（カフェバー）

Le Bar du Marché
ル・バル・ドゥ・マルシェ（カフェバー）

Hôtel Edouard VII
オテル・エドゥアール VII P.182

Avenue Carnot

Etxe Peio
エチェ・ペジョ P.167

Boutique Uhart
ブティック・ウアール（雑貨＆キッチン用品店）

🏛 Les Halles de Biarritz
ビアリッツ中央市場 P.138

Miremont
ミルモン（菓子店＆ティーサロン）

🏛 Pariès
パリエス P.141

Maison Arosteguy
メゾン・アロステギー（高級食材店）

Place Georges Clemenceau

Avenue Victor Hugo

Avenue Jaulerry

Avenue du Jardin Public

Rue Jean Jaurès

Jardin Public Pierre Forsans
ビュール・フォルサン公園

Grande Plage グランド・ビーチ

Avenue de l'Impératrice

L'Impertinent 🍴
ランベルティナン P.150

Rue d'Alsace

Avenue Sarasate

Hôtel du Palais
オテル・デュ・パレ

Rue de la Bergerie

Jean Vier
ジャン・ビエ P.144

Avenue Reine Victoria

Avenue de la Marne

🏨 Hôtel La Maison du Lierre
オテル・ラ・メゾン・デュ・リエール P.183

Avenue Edouard VII

Avenue Louis Barthou

Rue de Frias

Galeries Lafayette
ギャラリー・ラファイエット（デパート）

Maison Adam
メゾン・アダム P.140

Lartigue 1910
ラルティーグ1910 P.145

Avenue de Verdun

🍴 Le Pimpi Bistrot
ル・ピンピ・ビストロ P.149

L'Entre Deux
ラントル・ドゥ（フランス料理店）

Avenue du Maréchal Foch

Larralde
（ビアリッツ・ベイ・バスク空港、バイヨンヌ行）

Rue Pingle

🏛 Daranatz ダラナッツ P.165
（ビアリッツ・ベイ・バスク空港、バイヨンヌ、ビアリッツ駅行）

🏛 Pierre Oteiza ピエール・オテイザ P.174

Jardin Public（降車）

Jardin Public
（ビアリッツ・ベイ・バスク空港、バイヨンヌ、ビアリッツ駅行）

Biarritz
↓ ビアリッツ駅へ

Aéroport Biarritz Pays Basque
↓ ビアリッツ・ベイ・バスク空港へ

Le Pimpi Bistrot

ル・ピンピ・ビストロ

シェフ・マニュ式のビストロ料理

　ビーチ沿いの高級リゾートタウン的なにぎやかさから少し離れて、町の人たちの生活の場である通りに面した小さな店。ビストロらしい気取らないカジュアルな雰囲気に好感が持てます。地元のもの、季節ものにこだわった食材を使い、シンプルでエレガントな料理を提供しています。アラカルトでも頼めますが、前菜、メインディッシュ、デザートで22€の日替わりランチメニューは、「ビアリッツはなんでも高過ぎる」という定説をくつがえしてくれます。グルメな料理は決して重過ぎず適量でとても満足のいくもの。ただしワインを頼む時は、事前にグラス、ボトルでの値段を確認したほうが無難。「晴れた日はみんなビーチのほうに行ってしまうから空いてるんですよ」とサービス担当のファニーさんはいいますが、予約をおすすめします。

上・ふんわりなめらかなカリフラワームースに、サイコロ状のリーモンとクルトンを取り混ぜて。／下・おいしそうな焼き色のついた鶏肉のロティ（ロースト）と根菜バネのピューレ。

シェフのマニュさんとビストロ・ワインセラーを切り盛りするファニーさん。

14, avenue de Verdun, Biarritz
☎ 05 59 24 12 62／https://www.instagram.com/lepimpibistrot/
🕐 12：00〜14：00、19：30〜22：00、月月曜休／英語メニュー 〇
MAP P.148

L'Impertinent

ランペルティナン

カジュアルでフレンドリーな1ツ星店

　繁華街から少し離れた閑静なサン・チャールズ地区にある1ツ星レストラン。ドイツ人シェフのファビアンさんが、バスク出身のサラさんとともに「国境を越えた料理」を提供しています。地元農家が栽培したオーガニックな野菜や、サン・ジャン・ド・リュズ港で競りにかけられた魚やバスク豚など、こだわりの食材を使った創作料理が楽しめます。自家製のパンもおいしくて、つい普段よりよけいに食べてしまいます。

　メニューはコースのみで、3品75€、4品98€、7品118€。いずれもアミューズとプチフールがつきます。ゆったりした居心地のいいスペースで、カジュアルにグルメな食事をしたい時にぴったり。ベジタリアン、アレルギーへの対応は予約時に相談してみて。

上・タルタル（奥左）、マリネ（奥右）、ステーキの3通りでツナを味わう。おもしろいコンビネーション。ホスピタリティが感じられるシェフとスタッフの対応に、おなかも心も満たされる。

5, rue d'Alsace, Biarritz
☎ 05 59 51 03 67
https://www.l-impertinent.fr
🕐 19:30〜22:30、
　土曜12:00〜13:30、19:30〜22:30、
　月日曜休（ただし7・8月は無休）
英語メニュー ×
MAP ➡ P.146

150

魚のペーストをビーツのスライスにはさみ、コスモスの花びらをのせたアミューズ。

タコ、トマト、コリアンダーとクリスピーなクラッカー。さわやかな味わい。

白桃、ミントのムース、豆のペースト、レモンシャーベットとクッキーの味の調和が感動ものだったデザート。

プチ・フールとコーヒー。星つきレストランのコースは最後までワクワク感が続く。

上・ブルーロブスターのグリル。インゲン、ローズマリー風味のひよこ豆のピューレとともに。／左・シンプルで落ち着いた店内。気どらない、飾り気のないオーナーらしさを感じる。

Art of Soule
アート・オブ・スール

地元出身のフレンドリーなオーナーとスタッフが迎えてくれる。

スタイリッシュな
エスパドリーユ

　フランスバスク内陸部のスール地方、モレオン・リシャールの町で生まれたエスパドリーユ。古くは炭鉱で働く人たちの労働靴として大量の需要があったため産業として栄えたのですが、時とともに移り変わり、現在ではカジュアルなリゾートシューズとして大人気。このブランドのエスパドリーユは今でもモレオンの工房で天然の素材を使い、手作業で生産されている正真正銘の「Made in France」製品です。シンプルでベーシックなものからカラフルでエレガントな色柄まで、店内はおしゃれでオリジナルな製品が整然とディスプレーされています。

　ビアリッツの町を気ままに散策しながら、ふらりとこの本店へ──。自分にジャストフィットするエスパドリーユを早速履いて、そのままビーチやビストロへ行きたくなります。

28, rue Gambetta, Biarritz
☎06 82 45 10 96／https://www.artofsoule.com
🕙10：00〜19：00、日曜休（ただし7・8月は無休）／ MAP❖P.148

上・定番モデルの「Club France」35€。ほかはデザインによって25〜49€の価格帯。／下・店内に足を踏み入れ、壁一面に整然と並んでいるエスパドリーユを見ると心が弾む。

パーカやTシャツ、バッグなどコーディネートできるアイテムも。

エスパドリーユと同じオリジナル生地でつくられたボブ・ハット各29€。夏の装いにいかが？

La Maison de l'Espadrille

ラ・メゾン・ド・エスパドリーユ

部屋履きと外出用にいくつもほしい

1960年にアラウソ夫妻が創業。現在は夫妻の息子さんたちが兄弟で2代目を継いでいます。製造工程で欠かせない手縫い作業などの伝統は守りつつ機械化の導入に成功し、年間30万足を生産するエスパドリーユの一大メーカーとなりました。定番の無地からサンダルタイプまで、色もデザインも豊富。比較的安価なので、服装に合わせて何足か買ってもいいでしょう。カジュアルでありながら、足元にエレガントな印象を与えてくれます。ていねいな作業を経て仕上げられたフランス製。手縫いのコレクションは、ゴム、ジュート、綿100%のキャンバス生地とすべて天然素材でつくられているので、素足履きがとても快適。リボンつきや編み上げタイプなどいろいろなサンダルがありますが、1975年に最初にエスパドリーユにヒールをつけたのはアラウソ夫妻だったそうです。

上・履きこむうちに足になじんでくる、フルーツプリントのベーシックなエスパドリーユ各26€。/左・無地とストライプが数種類あるサンダルタイプ各55€。

中心地からポール・ヴュー・ビーチに続く、バカンス客が行き交う路地にある。

4, rue du Port-Vieux, Biarritz／☎ 06 64 31 44 95
https://www.maisonespadrille.fr
🕐 10:30 ～ 13:00、14:30 ～ 19:00、日曜休／MAP P.148
【バイヨンヌ店】
3, rue Lormand, Bayonne／☎ 05 59 25 74 09
🕐 9:30 ～ 18:30、日曜・祝日休／MAP P.155

大聖堂へと続くホール・ヌフ通りには、
チョコレート店やカフェが連なる。

Bayonne バイヨンヌ

　フランスバスクの首都らしい風格のあるバイヨンヌ。人口5
万人弱の落ち着いた雰囲気の町です。ニーヴ川をはさむグラ
ン・バイヨンヌとプチ・バイヨンヌが主な市街地と商業地区。
パリとつながる鉄道駅は、アドゥール川の向こうサンテスプリ
地区にあります。サント・マリー・ド・バイヨンヌ大聖堂を中心
に細い路地が交差するグラン・バイヨンヌには、さまざまな商
店が並びショッピングが楽しめます。

　代表的なグルメはチョコレートと生ハム。バイヨンヌ港から
川を上り運ばれて来たカカオ豆を使い、イベリア半島からサン
テスプリ地区に移り住んだユダヤ人たちがチョコレートの生産
をはじめたそう。フランス最古のチョコレートづくりの町として、
現在もたくさんの専門店があります。チョコレートショップをめ
ぐってお気に入りを見つけましょう。エスプレ ﾘ 産のﾄ ウガラ
シで味つけされた生ハム、ジャンボン・ド・バイヨンヌは、ぜ
ひマルシェで買ってみるかレストランで味わってください。8月
はじめには街が白い服と赤いスカーフで埋まるバイヨンヌ祭が
開催され、多くの観光客でにぎわいます。

夏のバイヨンヌ祭では、牛追い、花火、エ
スパドリーユ投げ大会などが見られる。

バイヨンヌの市庁舎。お祭りの時はこの広
場が人で埋め尽くされる。

ニーヴ川沿いに立ち並ぶフォトジェニックな建物は、バイヨンヌの代表的な風景。

どのショコラトリーもおいしいので、ひととおり雰囲気を見て気になったところに入ってみて。

Access

ビアリッツ・ベイ・バスを サカン・ダラ○○で約10分、またはバスで約20分。ビアリッツのLarcade とJardin Public などからバスで約30分。サン・ジャン・ド・リュズから列車で約30分、または駅前の○○スダーミナルから約40分

バイヨンヌ中心部MAP

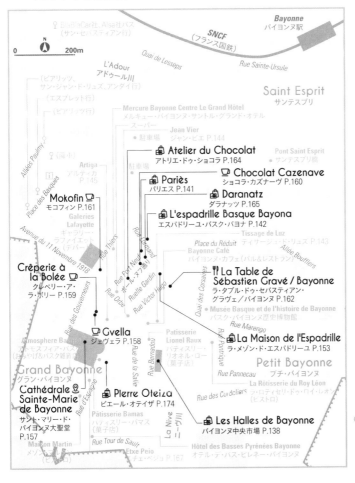

Bayonne バイヨンヌ駅
SNCF (フランス国鉄)

Quai de Lesseps
Rue Sainte-Ursule

🚌 BlaBlaCar社、Alsa社バス (サン・セバスティアン行)

N
0　　　　200m

Saint Esprit サンテスプリ

L'Adour アドゥール川

(ビアリッツ、サン・ジャン・ド・リュズ、アンダイ行)
(エスプレット行)
(ビアリッツ行)

Mercure Bayonne Centre Le Grand Hôtel
メルキュール・バイヨンヌ・サントル・グランド・オテル
スーパー
駐車場　　Jean Vier
　　　　　ジャン・ビエ P.144

Allées Paulmy

Artiga
アルティカ
P.145

🏛 **Atelier du Chocolat**
アトリエ・ドゥ・ショコラ P.164
駐車場

Pont Saint Esprit
サン・テスプリ橋

🛍 **Pariès**
パリエス P.141

🍵 **Chocolat Cazenave**
ショコラ・カズナーヴ P.160

Mokofin 🍵
モコフィン P.161

Place des Basques

Galeries
Lafayette
ギャラリー・
ラファイエット
(デパート)

🏛 **Daranatz**
ダラナッツ P.165

🛍 **L'espadrille Basque Bayona**
エスパドリーユ・バスク・バヨナ P.142

Avenue du 11 Novembre 1918

Rue Thiers

Rue Lormand

Tissage de Luz
ティサージュ・ド・リュズ P.143

Place du Réduit
Bayonne Café
バイヨンヌ・カフェ(バル&レストラン)

Allée Bouffliers

Rue Port Neuf

Crêperie à la Bolée 🍵
クレペリー・ア・ラ・ボリー P.159

Rue Orbe
Rue des Gouverneurs

Ruelle Gardin

Rue Victor Hugo

🍴 **La Table de Sébastien Gravé / Bayonne**
ラ・タブル・ドゥ・セバスティアン・グラヴェ/バイヨンヌ P.162

Quai des Corsaires

Musée Basque et de l'histoire de Bayonne
バスク・バイヨンヌ歴史博物館

Rue Marengo

🍵 **Gvella**
ジェヴェラ P.158

Patisserie
Lionel Raux
パティスリー・
リオネル・ロー
(菓子店)

Rue de la Salle

Rue Bernadou

Rue Pontrique

🏛 **La Maison de l'Espadrille**
ラ・メゾン・ド・エスパドリーユ P.153

Petit Bayonne プチ・バイヨンヌ

Atmosphere Basque
アトモスフィア・バスク
(おみやげ&バスク雑貨店)

Grand Bayonne グラン・バイヨンヌ

Cathédrale Sainte-Marie de Bayonne ⛪
サント・マリー・ド・バイヨンヌ大聖堂
P.157

🛍 **Pierre Oteiza**
ピエール・オテイザ P.174

Rue Pannecau

La Rôtisserie du Roy Léon
ラ・ロティセリ・ドゥ・ロワ・レオン
(ビストロ)

Rue des Cordeliers

Rue d'Espagne

Pâtisserie Bamas
パティスリー・バマス
(菓子店)

Maison Martin
メゾン・○○
(ビストロ)

Rue Tour du Sault

La Nive
ニーヴ川

🏛 **Les Halles de Bayonne**
バイヨンヌ中央市場 P.138

Etxe Peio
エチェ・ペジオ P.167

Hôtel des Basses Pyrénées Bayonne
オテル・デ・バス・ピレネー・バイヨンヌ

上・新鮮な野菜や卵のほかに、いろいろな瓶詰やワインもそろう中央市場(P.138)内の店。/下・中心部は無料のシャトルバスが巡回。

◎バス停は変更されることもあるので、最新情報は観光案内所で確認を。また、サン・セバティアン行きのバス停は中心部から離れた場所にある

グラン・バイヨンヌ地区の路地には、カフェ、ブティック、雑貨屋などいろいろな店が軒を連ねる。

Cathédrale Sainte-Marie de Bayonne

サント・マリー・ド・バイヨンヌ大聖堂

ふたつの尖塔を持つ町のランドマーク

　旧市街グラン・バイヨンヌ地区の中心にあるゴシック様式の大聖堂。バイヨンヌの守護聖人である聖レオンの聖遺物が保管されていることでも知られています。ロマネスク様式だった建物が二度の火災で損壊し、13世紀から16世紀にかけて再建されています。建物正面の景観はパリのノートルダム寺院を彷彿させますが、バイヨンヌの大聖堂には高さ約85mの尖塔がついています。内部は祭壇も含め、シンプルでとてもすっきりした印象。美しいステンドグラスや天井の装飾、絵画などを見た後は、ぜひ外の回廊へ。とても静穏な空間です。この大聖堂は、1998年にサンティアゴ・デ・コンポステーラ巡礼路・フランスの道に含まれるモニュメントのひとつとして、世界遺産に登録されています。

左・祭壇裏のアブス（後陣）の美しい天井、ステンドグラス、絵画もじっくり鑑賞してみて。／右・ひっそりとした回廊。ここをなにも考えずにゆっくりひとまわりすると心が落ち着く。

15, rue des Prébendes, Bayonne
https://www.cathedraledebayonne.com/accueil
🕐 8:00〜18:30（日曜19:00）
　（ミサが行われている時は入場不可）、無休
💶 無料 ※ガイドツアーなどの詳細は観光案内所で確認を
MAP👉P.155

静まり返った大聖堂内。メインの祭壇はシンプルだけれどとても荘厳な雰囲気が漂う。

Gvella
ジェヴェラ

訪れた町々の菓子店でガトー・バスクを買って食べくらべてみるのも楽しい。

通いたくなる街角のパティスリー

クレープ・レストラン&カフェ、ア・ラ・ボリー（P.159）のとなりに、かわいらしい菓子店兼カフェができました。オーナーのギョーム・ヴェラさんは、若いながらショコラティエ、パティシエ、そしてシェフとしてドバイやマイアミ、地元フランスバスクの店で経験を積み重ねてきました。その職人技と、少しでもおいしいものをつくりたいというこだわりから生み出されるケーキやタルト、ペイストリーがズラリと並ぶショーケースをながめていると、テンションが上がります。ガトー・バスクの生地は甘すぎず、入っているジャムもサクランボの甘酸っぱさがほどよく感じられる逸品。ランチタイムにはキッシュ、サラダ、ラザーニャなどの軽食も2階のティーサロンまたはテラス席でいただけます。またこの店では、プラスチックの使用を減らし、環境にやさしい包装を心がけています。

12, place Louis Pasteur, Bayonne
☎ 09 88 01 88 10／https://www.gvellapatisserie.com
🕘 9:00〜18:00、月火曜休（ただし夏季のハイシーズンの月曜は営業）
※キッチンオープン時間は12:00〜14:00
MAP ❖ P.155

かわいらしいインテリアの2階席でも、テラス席でも。その日の気分で選んで。持ち帰りの場合は1€引きになる。

上・物腰のやわらかいギョームさんがつくり出すお菓子と空間で、心落ち着く時間を。／下・マンゴーとパッションフルーツを、ビスキュイ・ジョコンドに重ねたチーズケーキ5.50€。

Crêperie à la Bolée

クレペリー・ア・ラ・ボリー

食事でもおやつでも
軽く食べたい時に

　旧市街の中心地、サント・マリー・ド・バイヨンヌ大聖堂すぐ横の歩行者通リエリアにあります。食事系ガレットとデザート系クレープを食べられます。レストランでしっかり食事をとる時間がない時に、ここなら軽く食べられるので便利。そば粉を使ったガレットは、バイヨンヌの生ハムや野菜、卵、チーズ、ソーセージ、スモークサーモンなど好みの具の組み合わせをメニューから選びます。チョコレートや生クリーム、フルーツを添えたり、フランベするデザート系クレープも豊富。ガレットの本場、ブルターニュ地方のシードルも味わえます。メニューはフランス語のみですが、携帯電話の翻訳アプリなどで具材をチェックして注文してみましょう。店内は広々としていますが、天気がいい時は気持ちのいいテラス席もおすすめです。

夏の間は大聖堂横にテラス席が設けられる。木陰での食事やコーヒータイムが気持ちいい。英語メニューもある。

Galette Euskadi（ガレット・エウスカディ）14.90€はバイヨンヌの生ハム、羊のチーズ、卵が入っている。スイーツ系クレープは4.20〜8.30€。

10, place Louis Pasteur, Bayonne
☎ 05 59 59 18 75 / https://alabolee.com
🕐 12:00〜14:00、金土曜12:00〜14:00、19:00〜21:00、
　日曜休／MAP❖P.155

左・店内は木のぬくもりを感じられるナチュラルな空間。スペースに余裕があるのも◎。／右・エスプレッソに少量のミルクを入れたCafé noisette（カフェ・ノワゼット）。

左・ショコラ・ムスー、ホイップした生クリーム、バタートーストのセット10.30€。／右・淡い色合いでフランスらしいフェミニンなサロン。午後のひとときを過ごすのにピッタリ。

Chocolat Cazenave

ショコラ・カズナーヴ

フワフワの泡を浮かべたショコラ・ムスー

上・ミルクチョコやブラックチョコ、コーヒー、アーモンド風味など100gサイズで7〜7.50€。／下・生チョコは好みのものを箱に詰め合わせてもらうこともできる。

　1864年創業の老舗ショコラトリー。大聖堂に続く道のアーケードのなかにあります。ショーウインドーや店内のディスプレーは、フランスらしいクラシックでエレガントな佇まい。ミルク入りやブラックなどの種類やカカオの濃度によって色分けされたタブレットは、レトロ感のあるパッケージが素敵。いくつかまとめ買いしたくなります。ホットチョコレート好きなら、奥のティーサロンでぜひ名物のChocolat mousseux（ショコラ・ムスー）を試してみて。ほかのショコラ・ショー（ホットチョコレート）と違って、名前の通りフワフワムース状のショコラの泡がカップからあふれそうな状態でサーブされます。ミニピッチャーにはおかわり用のショコラ・ショーが。思ったより甘味が控えめで、あっさりしているのにコクがありおいしい！ お好みで生クリームやトーストもセットにできます。

19, rue Port Neuf, Bayonne／☎ 05 59 59 03 16
https://www.chocolats-bayonne-cazenave.fr
🕐 9:15〜12:00、14:00〜19:00、
　　月日曜休（ただし学校の休暇中は月曜も営業）
MAP✦P.155

Mokofin

モコフィン

おいしいスイーツで幸せな気分に

　街角に素敵なカフェがあるとつい入ってみ
たくなりませんか？ モコフィンは、グラン・バ
イヨンヌにあるデパート、ギャラリー・ラファ
イエットの向かいに見える、華やかなフュー
シャピンクのかわいい店。店内はふたつにわ
かれていて、向かって右の入り口を入るとき
れいなケーキ類が並ぶショーケースが。奥に
はティーサロンがあります。左はデリカテッセ
ンで、テイクアウトできる惣菜などが売られ
ています。天気がよければテラス席でサクサ
クのクロワッサンやペイストリーとフレッシュ
なオレンジジュースで朝食もいいし、キッ
シュなどの軽いランチメニューをいただくこと
もできます。買いものや散策で疲れたら、食
べたいケーキを選んでひと休みするのも◎。
コーヒー、ホットチョコレート、厳選された紅
茶やハーブティーなどドリンク類も充実して
いて、いつ行ってもくつろいで過ごせます。

甘酸っぱいイチジクとキャラメリゼされた香ばしいクルミの相性
が抜群のタルト。

上・チーズなどはさんだクロ
ワッサン。デリカテッセンのほ
うで販売している。／左・ちょ
っと休憩したい時や天気が
悪い時などにも重宝する店。

季節の果物を使ったタルトやチョコレートケーキ、ババロア
など。価格は5€前後（テイクアウトは1€割引）。

27, rue Thiers, Bayonne
☎ 05 59 59 04 02 ／ https://www.mokofin.com
ティーサロン⊘8:30〜19:00、月日曜休
ショップ⊘8:30〜19:00（日曜12:30）、
月曜9:30〜15:00、16:00〜18:00、無休／MAP✦P.156

チョリソ、ローストしたポテトやカ
ボチャなどをのせたTalo（タロ）。
タロはトウモロコシ粉を使ったガ
レットで、バスクならではの一品。

La Table de Sébastien Gravé / Bayonne

ラ・タブル・ドゥ・セバスティアン・グラヴェ／バイヨンヌ

行くたびに好きになるおしゃれビストロ

パリでPottokaというバスク風フレンチレストランを成功させた
シェフ、セバスティアン・グラヴェさんが故郷のバイヨンヌに2015年
にオープン。ニーヴ川沿いにあるおしゃれなビストロです。シンプルな
内装とカジュアルな雰囲気、フレンドリーな接客がとても心地いい空
間を生み出しています。「食事に訪れる人たちが、仲間と過ごす時間を
楽しめる場所になるように」というオーナーの心づかいが感じられます。

テーブルに出される料理は繊細でクリエイティブ。食材、色彩の組
み合わせと盛りつけの美しさは感動ものです。これほど高いクオリ
ティーの料理が、平日のランチタイムではとてもお得な29€のセット
メニューで味わえます。ほかに、いくつかの料理から前菜、メイン
ディッシュ、デザートを選べるセット45€、6品のおまかせコースのテ
イスティングメニュー60€があります。席数が少ないので予約は必須。

星つきでも気取りのない雰囲気
で、地元の人たちだけでなく観
光客にも大好評。

桃、紅茶のジュレやアイスと組
み合わせたメレンゲのデザート。

21, quai Amiral Dubourdieu,
Bayonne
☎05 59 46 14 94
https://latable-sebastiengrave.fr
⊘ 12:00〜14:00、
　19:00〜22:00、月日曜休
英語メニュー ✕
MAP ✦ P.155

ピーナツペーストを塗り香ばしく焼き上げたタラ。味のバランスがとてもいい。

イベリコ豚ロースのバーベキュー。目を引く豪快な盛りつけでテーブルがさらに華やぐ。

低温調理された卵黄のコンフィは繊細で美しい一皿。

ビーフとエビのタルタル、ガーリックムースとグリンピースソース添え。

バイヨンヌでのおいしい食事は
僕たちに任せて！

パルメザンムースとブッラータチーズ、バジルペースト、トマトシャーベットを使った一品。

Atelier du Chocolat

アトリエ・ドゥ・ショコラ

エスプレットのトウガラシ入りチョコレートも含むアソートセット15.90€〜

おみやげ用チョコレートを買うなら

ショーウインドーにぎっしりと並ぶチョコレートは壮観。見るだけでテンションが上がる!

上・ペルー、ベトナム、エクアドルなどカカオ豆の産地別タブレット各7.30€。/右・手軽に購入できるおすすめの袋入りチョコ150g11.90€〜。

1951年に創業し、厳選された原材料を使っていねいに手づくりされたチョコレートが評判の店。ショーウインドーには、まるで自然博物館の鉱石見本のように多くの種類のチョコレートが整然と並んでいます。1995年に2代目オーナー夫妻が発案した「チョコレートブーケ」は、三角形の紙の容器に商品を詰めたオリジナルパッキング。店頭に並んでいるもの以外に、好みのチョコレートを組み合わせて新たにパッキングしてもらうこともできます。ブーケの価格は従量制。さらにタブレットのほかガナッシュ、プラリネ、ペーストなどさまざまなチョコレートがあるなかで特徴的なのが、エスプレットのトウガラシを入れ薄くのばしたチョコレートをかためたもの。「アトリエ」の名にふさわしい、チョコレート好きにはパラダイスのような店です。

37, rue Port Neuf, Bayonne
☎05 59 25 72 95
https://www.atelierduchocolat.fr
⊘9:30〜19:00、日曜休
MAP P.155

Daranatz
ダラナッツ

フレンチアンティーク感漂う店構え

自分用にもほしくなるギフトボックス16.50€。
アソートはおまかせでも自分で選んでもいい。

　有名ショコラトリーが並び、ちょっと
したチョコレート通りともいえるポール・
ヌフ通り。1890年創業のダラナッツも、
このアーケードのなかにあります。店内
の赤い絨毯とカーテン、白く塗られたアン
ティークなショーケースが印象的。キ
ラキラと輝くシャンデリアの下に、チョ
コレートが美しく並べられていて、まる
でジュエリーショップにいるかのような
気分になります。産地別やカカオの濃
度別に分けられたチョコタブレットの
パッケージ、生チョコの詰め合わせや
かわいいトゥロンのプチフールが入った
箱のイラストもレトロ感たっぷり。おみ
やげ用だけでなく自分用にもほしくなり
ます。とにかく膨大な種類のチョコレー
トがあるのでどれにしようか迷ってしま
うほどですが、高級感のある店内で
ゆっくり買いものを楽しんでください。

バスクのイラストマップがかわ
いい柄につめられたトゥロン（マ
ジパンタイプ）のプチ・フール。

上・30種類以上あるタブレットチョコレート6〜6.50€。知らなかった
味を発見できるかも。／下・受け継がれてきたチョコレートの製法と同じ
く、歴史と伝統を感じさせるインテリア。

15, rue Port Neuf, Bayonne ／ ☎05 59 59 03 55 ／ https://www.daranatz.com
◉9:15（月曜10:00）〜19:00、日曜休 ／ MAP❖P.155
【ビアリッツ店】12, avenue du Maréchal Foch, Biarritz ／ ☎05 59 24 21 91
◉10:00〜13:00、14:00〜19:00、月曜15:00〜19:00、日曜休 ／ MAP❖P.148

村のランドマークともいえる、ホテル兼
レストラン。フォトスポットになっている。

白壁に映える真っ赤なトウガラシの村

Espelette エスプレット

フランスの原産地保護呼称制度（A.O.P.）で品質を
保証されているトウガラシの産地として有名な山バスク
の村。一歩村のなかに足を踏み入れると、白壁に赤い
窓枠の家と、壁にたくさん吊るされたトウガラシの赤い
色が目に飛び込んできます。そのあざやかな光景は、
旅の思い出として強く印象に残るでしょう。週末やハイ
シーズンには国内外から多くの観光客がやってきて、小
さな村がとてもにぎやかに。トウガラシ関連製品を主に
取り扱う食材店や雑貨店、レストランが並ぶこぢんまり
した通りを、買いものしながら散策するのが楽しい村で
す。トウガラシといってもこの村のものはそれほど辛く
なくマイルドな味わい。粗挽きのパウダーはとくに煮込
み料理などに加えるとさらに味を引き立ててくれます。

また、毎年10月の最終週末にはトウガラシ祭りが開
催されます。夏の終わりに収穫されたトウガラシに彩ら
れた家屋や民族舞踊、伝統スポーツ競技などを見る
ことができます。

上・まるで童話の世
界にいるような気分
になる景色に、歩いて
いるだけで楽しくな
る。／左・観光案内所に
貼ってあったトウガラ
シ祭りのポスター。

トウガラシ製品を手に入れたいなら

定番の粗挽きトウガラシパウダー瓶入り7.10€（Bipertegia）。

Bipertegia ビペルテギア

Place du Jeu de Paume, Espelette
☎05 59 93 83 76
https://www.bipertegia.com
🕒6〜10月1日9:45〜19:00、無休、
10月2日〜5月10:00〜12:30、
14:00〜18:00、日曜休／MAP P.167

Etxe Peio Espelette
エチェ・ペジョ・エスプレット

405, karrika Nagusia, Espelette
☎09 71 04 60 69／https://etxepeio.com
🕒10:00〜19:00、無休／MAP P.167

Lurretik ルレティク

55, place du Jeu de Paume, Espelette
☎05 59 93 82 89
https://www.lurretik.com
🕒9:30〜12:30、14:00〜18:00、無休
MAP P.167

小さな村の中心地には数多くの食材店が軒を並べています。ビペルテギアの製品に使われるトウガラシは、種の段階からきびしく品質管理され、無農薬で栽培されています。手摘みして選別後、ショップの工房で染料、増粘剤、防腐剤などを加えることなく商品化。粗挽きのトウガラシパウダーをはじめ、トウガラシ入りのジュレ、マスタード、ドレッシング、ビネガー、チョコスプレッドなどさまざまな製品が手に入ります。かわいいトウガラシのロゴマークが目印。エチェ・ペジョはバイヨンヌに本店があるデリカテッセンで、トウガラシ入りのチョコレートが人気。ルレティクは、エスプレットのトウガラシを使った牛肉のシチュー、アショアの瓶詰めを販売。ほかにイチャス産のマークが入ったサクランボジャムも扱っています。

トウガラシパウダー、ハーブ入りビネガーソース7.90€（Bipertegia）。

エスプレット中心部MAP

無料駐車場
Place du Jeu de Paume

Lurretik 🛍
ルレティク P.167

● 🛍 Bipertegia
ビペルテギア P.167

Restaurant Pottoka
レストラン・ポトカ ●
（バスク料理店）Artiga
アルティガ P.145

● 🍴 Aintzina
アインツィナ P.169

Lartigue 1910
ラルティーグ1910 P.145

Hôtel Restaurant Chilhar ●
オテル・レストラン・シラー

René Massonde
レネ・マソンド（食材店）

karrika Nagusia

Plazako Karrika

Etxe Peio Espelette
エチェ・ペジョ・エスプレット P.167

Hôtel Restaurant Euzkadi 🍴
オテル・レストラン・エウスカディ P.168

Merkatu Plaza

Xerri Karrika

Mendi Alde Bourg
（バイヨンヌ行）

♀ Mendi Alde Bourg

N
0   100m

トウガラシの美しい色彩。村のあちこちで見られる光景。

Access

バイヨンヌからタクシーで約40分。または
Place des Basquesからバス14番に乗り約
45分、Mendi Alde Bourgで下車

ゆったりしたダイニングルーム
は、木のぬくもりが伝わる素朴
で伝統的な内装。

Hôtel Restaurant Euzkadi
オテル・レストラン・エウスカディ

スープや地元料理アショアがおいしい

　村の中心に位置するこのホテル＆
レストランはエスプレットのシンボル
的建物。古い旅籠を改装し、5世代
にわたって続く老舗です。落ち着い
た雰囲気のなかで、バスクの郷土料
理が食べられます。アラカルトメ
ニューのほかに、選べる前菜、メ
インディッシュ、デザートの日替わり
セット21€（日曜・祝日をのぞく）を
含む全4種類のセットメニューがあ
ります。

　とくにおすすめの料理は、山バス
クの具だくさんスープElzekaria（エ
ルセカリア）。骨つきの鴨のコンフィ
をたっぷりの野菜と一緒に煮込んだ
一品です。そして、エスプレットとい
えばAxoa（アショア）。細かく刻んだ
子牛肉または子羊肉と野菜のシ
チューです。トウガラシパウダーを
ふりかけて食べましょう。

あたたかいリンゴのデザート、Tarte Tatin（タル
ト・タタン）。

285, karrika Nagusia, Espelette
☎ 05 59 93 91 88
https://www.hotel-restaurant-euzkadi.com
🕐 12:00～14:00、19:00～21:00、月曜休
英語メニュー ○／MAP❖P.167

上・エルセカリアは身体
の芯からあたたまるよう
なスープ。やさしい味わ
い。／左・いかにも地元
の家庭料理といった感じ
のアショアを、みんなで取
り分けて食べるのもいい。

エスプレットにゆっくり
滞在したいなら宿泊して
も。1部屋1泊81€～。

Aintzina
アインツィナ

広々とした店内。壁にはバスクの
伝統スポーツでもある「綱引き」の
絵が描いてある。

バスク伝統料理をリーズナブルに

　フランスバスクの郷土料理が食べら
れる庶民的なレストランです。メニュー
の内容と価格はオテル・レストラン・エ
ウスカディ（P.168）とほぼ同じ。どちらに
入っても満足できると思います。内装は
この店のほうがシンプル。表のテラス席
はハイシーズンにはすぐ満席になります
が、あきらめないで空席があるか聞いて
みましょう。店内には奥行きのあるダイ
ニングルームとさらに外庭に面したテラ
ス席があります。

　おすすめは2種類のセットメニュー。
25€のTypiquement Basqueを頼
むと、Tripotx（バスクの黒いソーセー
ジ）、Axoa（子牛か子羊のシチュー）、
ブレビスチーズのサクランボジャム添え、
ガトー・バスクという定番のバスク料理
を食べることができます。フランスバス
クのイルレギーワイン（P.25）との相性も
抜群。

上・アショアは、テーブルにおいてあるトウガラシをふりかけるとさら
においしくなる。／下・Tripotx（トリポチュ）は、豚の血を使ってつく
ったバスク風ブーダン・ノワール（黒いソーセージ）。

鴨肉、バイヨンヌの生ハム、パテ、チーズなどボリュー
ムたっぷりのサラダ。

440, karrika Nagusia, Espelette ／ ☎ 05 59 93 91 62
https://www.facebook.com/aintzinaespelette/
🕐 12:00〜14:00、19:00〜21:00、水日曜12:00〜14:00、
7・8月12:00〜14:30、19:00〜21:30、木曜休
英語メニュー ×／MAP ✿ P.167

なだらかな山と緑が広がる草原、典型的な山バスクのながめ。

絵本のようなサクランボの村

Itxassou
イチャス

山バスクでよく見かける農家。
家族三世代で同居することも
あり、大きいのが特徴。

上・オッソー・イラティチー
ズとサクランボジャム。おいしい
赤ワインがほしくなる。／右・イチャス産の
サクランボジャムを証明するトレードマーク。

　山バスクの豊かな緑が広がる
なかにポツンとある人口2000
人ほどの小さな村。フランスの
ガトー・バスクづくりに欠かせ
ないサクランボの産地として知られ、
そのジャムはフランスの原産地
保護呼称制度によって品質が保
証されています。5月下旬から6
月下旬にかけて順に成熟してい
く3種類のサクランボが栽培さ
れていて、Peloa（ペロア）は濃
い赤で甘味があり、Xapata（サ
パタ）は甘酸っぱい朱色のハート
型。Beltxa（ベルチャ）は黒っぽ
い濃い色で甘味がある小粒。90
年代に、このバスク固有種のサ
クランボを保存していくため
4000本の苗木が植えられ、多
くの農家が一時は衰退していた
サクランボ栽培を再開させました。
除草剤などを使わず雑草は羊を
飼い食べさせるなど、環境にや
さしい農法に取り組んでいます。
　熟した実は銅製の鍋で加熱す
るのがサクランボジャムづくりの
伝統的な方法。このあたりでつく
られている羊乳でできたオッ
ソー・イラティチーズを薄くスライ
スし、その上にサクランボジャム
をのせて食べるのもおすすめです。

Krakada

クラカダ

トーストやクレープにのせたり、ヨーグルトやアイスに添えたりするのも◎。

オリジナルのサクランボジャム

　観光案内所の「i」マークがついた建物の
なかに、観光パンフレットやパネルなどがお
かれているコーナーとパン屋兼カフェがある
施設。サクランボジャムも販売しています。
小さな村のなんでも屋感がちょっとおもしろ
い。観光関連の展示コーナーでは、銅製鍋
でジャムづくりを実演する時もあるそう。建
物の裏口から外に出ると、目の前に緑の山と
草原が広がる壮大な景色が広がっているの
で、そちらもぜひ見てみてください。

Place du Fronton, Itxassou／☎06 23 24 89 01
⏰ 7:30〜12:30、15:30〜18:30、
土日曜7:30〜12:30、水曜休
MAP◆P170

サクランボジャムはジュレ
タイプと果実が丸ごと入
っているものがあるので、
買う時に確かめて。その年
の収穫量によっては手に
入りづらい場合もある。

生食よりジャムにし
たり、料理に使われ
ることのほうが多い。
©ペイバスク観光

バスクの球技ペロタを行うフロント
ンという競技場。バスクの市町村に
は必ずある。

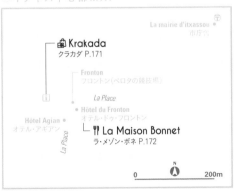

◎イチャス中心部MAP

🏛 **Krakada**
クラカダ P.171

Fronton
フロントン（ペロタの競技場）

La Place

Hôtel du Fronton
オテル・ドゥ・フロントン

Hôtel Agian
オテル・アギアン

🍴 **La Maison Bonnet**
ラ・メゾン・ボネ P.172

La mairie d'itxassou
市庁舎

La Place

N

0　　　　　　　200m

Access
よ、パンフレットから少しで何10分。バイヨンヌから少しで約320分

La Maison Bonnet
ラ・メゾン・ボネ

緑が美しい山バスクの風景をながめながら食事ができるテラス席。

独創的で色彩豊かな料理を山バスクで

　家族経営のレストランを引き継いだ4代目のベニャット・ボネさん。若いながら地元の生産者と良好な関係を築き、新鮮な食材を使った季節の料理を提供しています。サン・ジャン・ド・リュズに水揚げされる魚介類、子羊や鴨などの肉類、フォアグラ、地産野菜などを使い、モダンで独創的なレシピを生み出しています。そのなかでも村特産の黒サクランボをソースに使った肉料理や、サクランボづくしのデザートがとくにおすすめ。アラカルトのほかに、28€と38€のコースメニューもあります。

　店内はオフホワイトを基調にしていて、牧歌的な雰囲気。さわやかな風が吹くテラス席もあります。緑豊かな風景をながめ、カラフルで美しい料理を楽しむ――。その体験は旅の思い出のなかでもとくに印象深いものになるでしょう。

低温でじっくり加熱した妄口赤口鳥。つけ合わせはマカロニグラタン、野菜とチョリソをのせたピューレ。

Place du Fronton, Itxassou ／☎05 59 29 75 10
https://www.maison-bonnet.com
🕐 12:30〜14:00、19:30〜21:00、
　火水曜・1月9日〜3月1日休
英語メニュー ×／MAP❖P.171

レストランは村のフロントン
（ペロタ競技場）の横にあるホテル内に。

幸せな食事のひととき
をつくり出してくれる4
代目オーナー、ベニャ
ット・ボネさん。

熱々のスフレにバスクの梨のリキュール「Brana（ブラ
ナ）」をかけ、まぜていただく。

ビスキュイ、マスカルポーネガナッシュなどが添えられ
た、華やかなイチゴのデザート。

上から／自家製フォアグラのテリーヌには、サ
クランボのチャツネやトウガラシの粉が添え
てある。／豚の薪焼き。サツマイモに似たボニ
アト芋のムースリーヌ、キノコのソテー、リン
ゴのマケールを添えて。／イチャスの南にあ
る村、バイゴリー産マスのメダイヨン。モッツ
ァレラのムースとビーツのガスパチョ添え。

アルデュードのレストラン&ショップそばには、観光客が豚を気軽に見学できるミニ牧場もある。のびのびと育つキントア種の子豚たち。

絶滅危惧種だった バスク豚の復活

アルデュードにある直営の農場ショップ。バスク豚のハムやサラミ、鴨肉製品、チーズなどが販売されている。

サラミ類も種類が豊富なので、ショップで試食してみよう。肉製品を購入した場合は現地で味わって。

イチャスと同じフランス領の山バスクに、アルデュードという村があります。ここではフランスの地豚「バスク豚」が飼育されています。バスク豚は1980年代に20数頭まで減少し、絶滅が危ぶまれていました。それを養豚家でシャルキュトリ職人のピエール・オテイザ氏がバスク豚の種の保存と繁殖に力を注ぎ、近隣の畜産農家とともに2017年には7000頭まで増やすことに成功したのです。

現在は「バスク種キントア豚」と呼ばれ、子豚たちは生まれて2か月間は母乳を飲んで農場で母豚と過ごし、2か月から14か月までは予防接種や個体識別のマーキングがほどこされ野山でも放牧されます。遺伝子組み換えが行われていない穀物の飼料のほかに、秋から初冬にかけて野山では野草や栗、ドングリ、ブナの実を食べて過ごします。そして大事に育てられたキントア豚は、ピエール・オテイザ社の農場に併設されたレストランやフランスバスク内の高級レストランなどで味わうことができます。また、ピエール・オテイザ社直営のショップでハムなどの肉製品を購入できます。

農場ショップ併設のレストランでは、ハムなどの盛り合わせ15.70€などの軽食を食べられる。

Pierre Oteiza
ピエール・オテイザ／☎05 59 37 56 11
Route Urepel, Aldudes／☎05 59 37 56 11
https://www.pierreoteiza.com／◷10:00〜18:00、無休／MAP❖P.7

Access バイヨンヌから車で約70分

グラン・バイヨンヌにある直営店。

【サン・ジャン・ド・リュズ店】
10, rue de la République, Saint-Jean-de-Luz／◷10:00〜13:00、14:00〜19:30、無休／MAP❖P.133
【ビアリッツ店】22, avenue du Maréchal Foch, Biarritz／◷10:00〜13:30、15:00〜19:30、無休／MAP❖P.148
【バイヨンヌ店】70, rue d'Espagne, Bayonne／◷10:00〜13:00、14:00〜19:00 無休／MAP❖P.155

バスクで泊まる

バスクの宿泊施設

旅行が決まったら、まずは立地が便利で快適に過ごせる宿を
確保しておきましょう。主にスペインバスクにある宿泊施設のタイプと、
おすすめの宿をご紹介。
いずれも早めの予約をおすすめします。

上・サン・ジャン・ド・リュズにあるプチ
ホテル、レ・アルマディ。買いものに便利。
／下・オンダリビアのホテル・サン・
コラス。夏は窓辺の花がとくにかわいい。

快適さ最優先！ 高級ホテル

立地、部屋、サービスなど総合的に満足度の高い5ツ星のホテル。ハ
イシーズンの料金はかなり高めですが、サン・セバスティアンにあるホ
テル・デ・ロンドレスのシービューの部屋からは、窓を開けるとラ・コン
チャ・ビーチが見え、オンダリビアのパラドール(※)では対岸のフランス
までながめられるなど、ほかでは味わえない滞在が楽しめます。

※由緒ある建造物などを改装したホテル

機能的な中堅ホテル

街の中心地やショッピングエリアにありとても便利。部屋はコンパク
トなところが多いですが、料金が控えめなのが好ポイント。サン・セバ
スティアンのホテル・パルマやビルバオのホテル・エルシーリャなどが
おすすめです。

ペンション

地図を見ながらアクセスに便利なエリアで探してみましょう。サン・
セバスティアン、ビルバオとも建物自体は古くてもきれいに改装した宿
が旧市街に多くあります。チェックインの時間帯が限られていることも
あるので、事前に到着予定時間を連絡しておいたほうがいいでしょう。

アパートホテル

キッチンつきで寝室がふたつあるタイプなどがあり、家族やグルー
プで滞在する時におすすめ。ホテルのようなレセプションはないので、
管理者と待ち合わせをして鍵を受け取ったり、デポジットを前払いする
必要があります(デポジットはチェックアウト後に返金)。

カサ・ルラル

農家などを改装または新築した一軒家カサ・ルラルに宿泊して、海
や山の豊かな自然を満喫する観光をスペインではアグロツーリスモと
いいます。郊外にあるので車でアクセスできる人向き。

◎各宿泊施設の料金はオフシーズンの最低料金です
◎本書の各町のMAP内にも、おすすめのホテルを記載しています

Hotel Maria Cristina
ホテル・マリア・クリスティーナ

旧市街まですぐの最高級ホテル

　ラグジュアリーという言葉がぴったりの5ツ星。夏の休暇を楽しむ上流階級層のために、1912年につくられた優雅な建物で、ロビーの高い天井とシャンデリアがかつての名残を感じさせます。ゆったりとした客室で快適な滞在ができるでしょう。ビュッフェ式の朝食も定評があります。カフェテリアは宿泊客以外でも利用でき、静かに休憩したい時におすすめ。

Paseo Republica Argentina 4, San Sebastián
☎943 437 600
https://www.facebook.com/hotelmariacristina/
€ 1室315€～（朝食別）／全136室／MAP P.33 [B-3]

Hotel de Londres
ホテル・デ・ロンドレス

ビーチ沿いの美しいホテル

　ラ・コンチャ・ビーチに面した白亜の4ツ星。ロケーションのよさが最大の魅力です。シービューの客室からは、モンテ・イゲルドからモンテ・ウルグルまで弧を描く美しいビーチが一望できます。旧市街や新市街も徒歩圏内で便利。部屋から海に沈んでいく夕日をながめたり、素敵な時間をゆっくり過ごせます。スタッフの対応もよくリピーターも多い。

Calle Zubieta 2, San Sebastián
☎943 440 770 / https://www.hlondres.com
€ 1室89€～（朝食別）／全166室／ MAP P.32 [C-2]

Hotel Carlton
ホテル・カールトン

ビルバオ中心地にある5ツ星

　フェデリコ・モュア広場に面した大きなホテルで、格式高い雰囲気のロビーとゲストルームが特徴的。町の中心にあり、グッゲンハイム美術館なども徒歩圏内。メトロのMoyua駅もすぐ近くなので、ビスカヤ橋やバスターミナルに行く際も便利。さらに空港行きのバス停はホテルの目の前という絶好のロケーション。5ツ星ホテルの割には料金もリーズナブルです。

Plaza Federico Moyua 2, Bilbao / ☎944 162 200
http://www.carltonhotelbilbao.com
€ 1室125€～（朝食別）／全140室
MAP P.97 [B-3]

Hotel Ercilla
ホテル・エルシーリャ

好ロケーションでリーズナブル

　ホテルがあるビルバオのエルシーリャ通りには、多くのブティックが並んでいます。ショッピング街の通称グラン・ビア通りもすぐそばなので、買いものにとても便利。ルーフトップバーでは、街の夜景をながめながらくつろげます。日曜が定休の飲食店が多いビルバオで、併設のレストランが無休なのもうれしいポイント。メトロのIndautxu駅近く。

Calle Ercilla 37-39, Bilbao
☎944 705 700 / https://www.ercilladebilbao.com
€ 1室94€～（朝食別）／全325室／ MAP P.96 [B-2]

Hotel Niza
ホテル・ニサ

©Hotel Niza

ビーチがながめられる部屋

　ビーチに面したゲストルームからは朝、昼、晩と素晴らしい景色が楽しめます。白とブルーを基調にした明るい客室で波の音を聞いていると、バカンス気分が盛り上がります。若手シェフが運営するレストランBiarritz（ビアリッツ）も地下に併設。コスパのいい日替わりメニューとアラカルトがあります。1階のバルで海を見ながらピンチョスをつまむのも◎。

上・窓を開けると目の前にこの風景が広がる──。想像しただけでワクワクする。／左・シービューの部屋。青い海と白い波をイメージさせるさわやかな色使い。

©Hotel Niza

Calle Zubieta 56, San Sebastián
☎943 426 663／https://www.hotelniza.com
€ 1室77€〜（朝食別）／🛏 全40室
MAP❖P.32 [C-1]

©Hotel Parma

Hotel Parma
ホテル・パルマ

旧市街の
バルめぐりに便利

　ウルメア川の河口沿いにあるこぢんまりしたホテル。旧市街の端にあるバル街、ラ・コンチャ・ビーチ、川の向こうのクルサール国際会議場やスリオラ・ビーチがあるグロス地区にも迷わず行ける絶好のロケーション。バル通りにあるペンションは騒音が気になる、大きなホテルでなくていいという人におすすめ。スタッフがフレンドリーでアットホームな居心地のよさも魅力です。

上・シンプルだけれど快適に過ごせる。散歩、市場見学、朝バルにすぐ出かけられる。／右・コンディショナーや歯磨き粉などのアメーティーは持参したほうがいい。

©Hotel Parma

Paseo Salamanca 10, San Sebastián ／☎943 428 893／https://hotelparma.com
€ 1室57€〜（朝食別）／🛏 全26室／MAP❖P.32 [A-2]

Urresti
ウレスティ

キッチンつきのアパートメント。1階にソファベッド、2階に
ベッドルームとバスルームがある。

カサ・ルラルでバスクの田舎暮らし体験

　ビルバオ中心部から車で30分ほ
どのウルダイバイ生物保護区にある
家族経営の宿泊施設。大自然に囲
まれたのどかで美しい環境にありま
す。複数のダブルルームのほかにメ
ゾネットタイプのアパートメントルー
ム（キッチンつき）もあり、ゆったりと
した滞在が楽しめます。本館のダイ
ニングルームでいただく朝食では、
卵を好みの調理方法で出してくれま
す。敷地内で飼育されている羊や鶏、
ガチョウ、エミュー、ウサギ、鷹、フ
クロウなどの動物たちの見学も可能。
宿泊や周辺の観光情報、施設まで
の送迎などについては、日本人ス
タッフの千織さんにメールでたずね
てみて。レンタカーを利用する人向
きです。

トウモロコシをたっぷり食べている鶏の卵の黄
身は、とても色が濃くておいしい。

上・カセリオと呼ばれる伝統家屋。昔は同居家族の人数も多かったのでつく
りが大きい。／下・あたたかみのあるカントリー調のインテリアが魅力的なダ
ブルルーム。

Bº Basetxetas 12, Gautegiz Arteaga／☎946 251 843／https://www.urresti.net/ja/
€1室80€～、アパートメント110€～（いずれも朝食別）／全8室（キッチンつきアパートメント2室含む）
MAP

Parador de Hondarribia

パラドール・デ・オンダリビア

中世のお城に泊まってみよう

落ち着いた色使いのシンプルな内装。ベッドのそばにはメールを書いたり、調べものをしたり、ちょっとくつろぐのにいいコーナーが。

ルーベンスが描いたギリシャ神話アキレスの、6作品のタペストリーが見られる。

開業50年の月日のなかで自然と苔むしたパティオ。短い時間ではつくり出せない味がある。

　10世紀に建てられたというスペイン王・カルロス5世の城を改装して、1968年から宿泊施設として利用されているオンダリビアのパラドール。旧市街の高台にあります。中世の要塞だった面影が残る荘厳な石づくりの建物。外壁にはかつての戦いで受けた生々しい砲弾の跡が残っています。宿泊客だけがアクセスできるテラスからは、河口と対岸のアンダイ（フランス）が見えます。晴天日の夜明けは素晴らしいながめ。苔のむした石壁、階段に緑の植物が映えるパティオ、中世時代に騎士たちがテーブルを囲んでいただろうサロンやそこに掲げてあるルーベンスのタペストリー——。まるで博物館にいるような気分を味わえるホテルです。宿泊客でなくてもカフェテリアは自由に入れるので、オンダリビア散策時の休憩にもおすすめの場所です。

Plaza de Armas 14, Hondarribia ／☎943 645 500
https://www.parador.es/es/paradores/parador-de-hondarribia
💶 1室155€～（朝食込み）／🛏 全36室／ MAP◆P.83

左・サロン奥のソファに
座って静かなひとときを
過ごしたり、誰かと歓談
するのもいい。／下・天
井の高さと壁の重厚感
が作用しあい、迫力ある
空間になっているカフェ
テラス。

パラドール前の広場からつながる路地を、
気ままに散策するのが楽しい。

ビダソア川河口と対岸のアンダイ、国境の
景色が見渡せる素敵なテラス。

Hôtel Edouard VII

オテル・エドゥアール VII

海、繁華街まで徒歩圏内の邸宅ホテル

上・小鳥や近所の猫がやって来たりする庭に面したテラスで、ゆったり朝食を味わって。／左・旅先でインテリアの色使いやコーディネートが好みだと、部屋にいる時間も楽しい。

フランスバスクのビアリッツ、閑静な住宅地に佇む19世紀に建てられた白い建物を改装したホテル。市長宅だったこともあるそう。エントランスホールとサロンは、貴族が夏のバカンスを過ごした館の面影を保っています。客室は綺麗なパターンの壁紙が素敵で、エレガントな雰囲気。部屋はこぢんまりしていますが、バスルームがゆったりしているのがうれしい。朝食は明るいダイニングルームで食べてもいいし、季節がいい時は庭のテラスもおすすめです。海やマルシェまでは歩いて5分ほど、グランド・ビーチまでは10分弱と近く、散歩気分で出かけられます。ゆるい坂の上にあるので、大きなスーツケースがある場合、空港や駅からはタクシーを利用したはうがいいでしょう。3階建てでエレベーターはありません。

上・館の主がふらりと入ってきて、食後酒でもすすめてくれそうな雰囲気のサロン。／右・ビュッフェ式の朝食が食べられるダイニングルーム。ガトー・バスクもある。

21, avenue Carnot, Biarritz
☎ 05 59 22 39 80／https://www.hotel-edouardvii.com
€ 1室89€〜（朝食別）／🛏 全18室／MAP ◆ P.148

Hôtel La Maison du Lierre
オテル・ラ・メゾン・デュ・リエール

暮らしているような気分になれる部屋

　こちらもビアリッツにある邸宅タイプのホテル。バルコニーつきの部屋からはピエール・フォルサン公園が見え、静かな環境に位置していますが、町の中心部まで徒歩5分から10分ほどでアクセスできます。さらに、空港と市内を結ぶ路線バスの停留所も近くにあるので便利。ビーチフロントではないものの、清潔感がありシンプルで素敵な客室にリーズナブルな料金で泊まることができます。女性スタッフの対応もフレンドリーで、ひとり旅にもおすすめ。また、このホテルにはとてもおとなしいワンちゃんがいて、レセプションでお出迎えしてくれたり、エントランスで日向ぼっこをしている姿にほっこり。4階建てで、エレベーターあり。

クロワッサンなどのパン類やチーズ、ヨーグルト、シリアルなどの朝食ビュッフェは14.50€。ピエール・オテイザ社（P.174）のハムも並ぶ。

3, avenue du Jardin Public, Biarritz
☎05 59 24 06 00
https://www.hotel-maisondulierre-biarritz.com/en
€ 1室69€〜（朝食別）／昌 全21室
MAP ❖ P.148

上・コーヒーやお茶をセルフサービスで飲めるラウンジ。ここでくつろぐのもいい。／下・適度なスペースがあり、安らぎと静けさに癒される部屋。居心地がいいので連泊したくなる。／左・朝の空気を吸ったり、月をながめたりしながら過ごせるバルコニー。

バスク旅のヒント

バスク地方へ空路で

　日本からバスクへの直行便はないので、ヨーロッパの主要都市で乗り継ぎ、バスク地方にある空港へ。KLMオランダ航空、エールフランス航空、ルフトハンザ ドイツ航空などが便利です（2024年10月下旬にイベリア航空の成田～マドリード線も再開予定）。また、中東系のエアラインを利用し、中東の都市経由も選択肢に。

　日本からパリまでの所要時間は約13時間、パリ～ビルバオ空港間は約1時間35分。日本を午前中に出発する便に乗ると、当日の夜遅くにビルバオに到着します。スペインバスクにはほかにサン・セバスティアン空港が、フランスバスクにはビアリッツ・ペイ・バスク空港があります。

◎ビルバオ空港

　バスク地方でいちばん規模が大きく便利なのがビルバオ空港（Aeropuerto de Bilbao）。地元ではロユ空港（Loiu Aireportua）とも呼ばれています。

　荷物を受け取って到着ロビーに出ると、右手にBizkaibus社のビルバオ市内行きバス（片道3€、Barikカードの場合1.14€）の券売所と、Pesa社のサン・セバスティアン行きバス（片道17€）の券売機があります。出口を出てすぐ左側にサン・セバスティアン行き（San Sebastián/Donostia）のバス乗り場とその先にタクシー乗り場が、出口から右側奥にビルバオ市内行きのバス乗り場があります。タクシー料金は、ビルバオ市内まで29€～、サン・セバスティアンまで170€～。

Aeropuerto de Bilbao
https://www.aena.es/en/bilbao-airport/index.html

Bizkaibus
https://web.bizkaia.eus/eu/inicio

Pesa
https://www.pesa.net

右・Pesa社のサン・セバスティアン市内行きバス乗り場。

◎サン・セバスティアン空港

　サン・セバスティアン空港（Aeropuerto de San Sebastián）は、サン・セバスティアンから約20kmのオンダリビアにあります。マドリードやバルセロナなどからの国内線が運航していますが、便数は少ないので注意が必要。オンダリビアの町まではバスE25番で約8分、料金1.85€、タクシーで約5分、料金7€～。サン・セバスティアンの町まではバスE21番で約40分、料金2.75€。タクシーで約30分、料金30€～。

Aeropuerto de San Sebastián
https://www.aena.es/en/san-sebastian-airport/index.html

◎ビアリッツ・ペイ・バスク空港

　ビアリッツ・ペイ・バスク空港（Aéroport de Biarritz Pays Basque）はフランスバスク唯一の空港。パリのふたつの空港（シャルル・ド・ゴール、オルリー）から国内線が運航しています。パリからは所要約1時間30分。ビアリッツの中心部まではBiarritz Cité Scolaire行きバス36番で約12分、料金1.20€。タクシーで約10分、料金10€～。バイヨンヌのPlace des Basquesまではバス3番または4番で約20分、料金1.20€。サン・セバスティアンまでFlixBus社、Alsa社のバスで約1時間、料金5.99€～。タクシーで約45分、料金120€～。

Aéroport de Biarritz Pays Basque
https://biarritz.aeroport.fr

FlixBus https://www.flixbus.fr

Alsa https://www.alsa.com

バスク地方へ陸路で

◎パリから鉄道で

　パリ・モンパルナス駅（Gare Montparnasse）から高速鉄道TGVでバスクにアクセスできます。パリからバイヨンヌ駅まで約4時間、サン・ジャン・ド・リュズ駅まで約4時間22分。とくにサン・ジャン・ド・リュズ駅は街中にあり、鉄道での移動が便利です。

SNCF https://www.sncf.com/en/

サン・ジャン・ド・リュズ駅

スペインバスク内の移動

◎バス

　ビルバオ～サン・セバスティアン間は高速バスでの移動が便利。ふたつの町のバスターミナルを結ぶ30分に1本のPesa社のバス（12.90€）か、1日数本のAlsa社のバス（7.51€～）があります。所要約1時間20分。チケットは各ターミナルの券売機、窓口、またはネットで購入。ネットで購入した場合はチケットを印刷、または乗車前にバスターミナルにある端末で発券する必要があります。故障などの場合は窓口へ。バスターミナルでは、電光掲示板に表示されるバスの行先と、乗車レーンの番号を確認すること。サン・セバスティアン行きはバスク語でドノスティア（Donostia）と表示されていることもあります。ビルバオ空港行きはAeropuerto Bilbao/Loiu Aireportua、ビルバオ市内行きはBilbaoと表示されています。

　サン・セバスティアンからゲタリアに行く場合や、ビルバオからガステルガチェへ行く際などは路線バスで。乗車時に運転手に行先を告げて、運賃を支払います。次のバス停名を示す車内電光掲示板がない場合は、車内アナウンスに注意しましょう。料金はゾーン制で1.35～3.35€。

左・サン・セバスティアン・バスターミナルの乗り場。／右・バスターミナルの乗り場案内。

◎タクシー

　流しはないので駅前などのタクシー乗り場で拾うか、電話で呼び出します。郊外のレストランへ行く時やホテルから空港に行く時など、時間指定して予約が可能。ホテルのコンシェルジュに頼むか、自分で電話予約します。ドアは自動ではなく自分で開けます。

フランスバスク内の移動

◎SNCF

　フランス国鉄SNCFのローカル線TERで、アンダイ～サン・ジャン・ド・リュズ～ビアリッツ～バイヨンヌ間を移動できます。TGVもこれらの駅に停まります。列車での移動は、車窓からのながめがとてもきれいでおすすめ。サン・ジャン・ド・リュズ～バイヨンヌ間は約30分、料金はTERが5.80€～、TGVが7.20€～。切符は駅窓口またはネットで購入します。SNCFはストが多いため、事前に情報の確認を。

TER

◎バス

　バイヨンヌ～エスプレット間や、バイヨンヌ～ビアリッツ間などの移動には、路線バスを利用します。利用方法はスペインバスクの路線バスと同様。Txik Txak社が運行するアンダイ～サン・ジャン・ド・リュズ～ビアリッツ・ベイ・バスク空港～バイヨンヌ間を走るバス3番、バイヨンヌ～エスプレット間を走るバス14番は、1回乗車券が1.20€。途中下車しなければアンダイ～バイヨンヌ間も1.20€で移動でき、所要約1時間20分。近距離の路線バスの1回乗車券も1.20€。

　また、二国間の移動でいちばん利用しやすく便利なのは、BlaBlaCar社またはAlsa社のサン・セバスティアン・バスターミナル～サン・ジャン・ド・リュズまたはバイヨンヌを走るバス（乗り換えなし）です。料金は片道5€～。

Txik Txak
https://www.txiktxak.fr

BlaBlaCar社 https://www.blablacar.es

左・バイヨンヌ～ビアリッツを走る近距離バス。／右・アンダイ～バイヨンヌ間を走る中距離バス3番。

◎タクシー

　利用方法はスペインバスクのタクシーと同様。

◎スペインとフランスはシェンゲン協定国のため、二国間を移動する際に入国審査はありませんが、パスポートチェックが行われる場合も。パスポートの携行は義務づけられているので忘れずに！

お金

　フランス、スペインとも、通貨はユーロ（€）。2024年1月現在は1€＝159円。100€札では少額の支払いを断られることもあるので、50€札のほかに20€、10€札も持っておくといいでしょう。両替所はないので、両替可能な銀行の支店をホテルのコンシェルジュにたずねて。

◎ クレジットカード

　クレジットカードの通用度は高く、バルやスーパーでも利用できます。4桁の暗証番号を入力する必要があるので覚えておきましょう。VISA、マスターカードはどこでも使えます。タッチ決済ができるカードがあると便利。またヨーロッパのATMで現地通貨を引き出せるカードかどうか、事前に確認しておくといいでしょう。ATMは銀行の建物内にあるものの利用をおすすめします。

◎ チップ

　義務ではありませんが、いいサービスへのお礼としてレストランでは5～10％程度おくのが通例。大衆レストランやバルでの食事にはチップは必要ありませんが、おきたい場合はお釣りの小銭程度でいいでしょう。タクシー利用時に荷物が多い場合なども同様に。

時差

　スペイン、フランスとも日本との時差は8時間。日本のほうが8時間進んでいます。3月末～10月末のサマータイム期間中の時差は7時間。

電圧とプラグ

　スペイン、フランスとも電圧は220V。海外用変換プラグはCまたはSEタイプを用意しましょう。

右・Cタイプの変換プラグ。

水

　水道水は飲めますが、「agua no potable」（スペイン語）、「eau non potable」（フランス語）と表示されているところの水は飲めません。ミネラルウォーターは、スーパーやパン屋、駄菓子屋などで330ml入りボトルが0.50€程度で買えます。炭酸なしは「sin gas」（スペイン語）、「sans gaz」（フランス語）。炭酸ありは「con gas」（スペイン語）、「avec gaz」（フランス語）。

トイレ事情

　町のなかの公衆トイレは数も少なく、清潔とは限らないので、掃除が行き届いていそうな飲食店や施設内のトイレを見つけた時に利用しておくのがいいでしょう。ティッシュも持っておいたほうが無難です。文字やイラストで男女別を表示していますが、バルなどではわかりにくいところもあるので、ほかの人がどちらから出てくるか確認して。

気候と服装のアドバイス

　年間を通して暑さ、寒さはそれほどきびしくはありませんが、天気の変化による寒暖の差が大きい時もあるので、脱ぎ着しやすい服装や雨天時に羽織れるジャケットなどの用意を。レストランでの食事はカジュアルな服装で大丈夫。高級感よりも清潔感のほうが大切です。買いものも旅行の楽しみのひとつなので、足りないものは現地で調達しましょう。

インターネット環境

　ほとんどのホテルでWi-Fiが無料で使えます。チェックイン時にIDとパスワードを聞いておきましょう。またヨーロッパで使えるWi-Fiルーターを日本でレンタルして持参すると、外出時にも使えてなにかと便利。

治安

　バスクの治安は比較的いいですが、油断は禁物。空港、バル通り、お祭り、市場などの人混みでは貴重品に気をつけて。写真撮影中はスキができやすいので、背後や周囲を確認するのを忘れずに。引ったくりや置き引きにも注意して。女性だけでの旅行も問題ありませんが、夜間に移動する必要がある時は、人通りのある明るい道を歩きましょう。

在スペイン日本国大使館 Embajada de Japón

Calle Serrano 109, Madrid／+(34)915 907 600 大使館代表、+(34)915 907 614 領事部直通／https://www.es.emb-japan.go.jp

在フランス日本国大使館 Ambassade du Japon en France

7, avenue Hoche, Paris／+(33)1 48 88 62 00 大使館代表／https://www.fr.emb-japan.go.jp

祝祭日

◎スペインの祝祭日（2024年）

1月1日	元日
1月6日	東方三博士の日
1月20日	聖セバスティアンの日（サン・セバスティアン）
3月19日	聖ホセの日（バスク州）
3月28日	聖木曜日（バスク州）＊
3月29日	聖金曜日（バスク州）＊
4月1日	復活の月曜日（バスク州）＊
4月28日	聖プルデンシオの日（アラバ県）
5月1日	メーデー
7月25日	聖ティアゴの日（バスク州）
7月31日	聖イグナシオ・デ・ロヨラの日（ビスカヤ県・ギプスコア県）
8月5日	聖母ブランカの日（アラバ県）
8月15日	聖母被昇天の日
8月23日	セマナグランデ（ビルバオ）
10月12日	スペインの日
11月1日	諸聖人の日
12月6日	憲法記念日
12月8日	無原罪聖母の日
12月25日	クリスマス

＊印は移動祝祭日のため毎年変わる

◎フランスの祝祭日（2024年）

1月1日	元日
3月31日	復活祭＊
4月1日	復活の月曜日＊
5月1日	メーデー
5月8日	第2次大戦戦勝記念日
5月9日	キリスト昇天祭＊
5月19日	聖霊降臨祭＊
5月20日	聖霊降臨祭 翌日の月曜日＊
7月14日	革命記念日
8月15日	聖母被昇天の日
11月1日	諸聖人の日
11月11日	第1次世界大戦休戦記念日
12月25日	クリスマス

＊印は移動祝祭日のため毎年変わる

「Ongi etorri.（オンギ・エトリ）」は、「ようこそ」という意味。

バスク語について

　バスクの人々が長い間大切に継承してきたバスク語ですが、スペイン内戦後、1939年以降の中央独裁政権期間は、スペイン領内では学校での教育をはじめ、公にもバスク語を使用することが禁じられていました。その後使用が解禁され、1970年代以降再び普及していったバスク語は、スペイン語とともに公用語として認められ、現在にいたっています。バスク語は系統不明の言語で、バスク内でも方言差が激しいため、王立バスク語アカデミーにより制定された共通バスク語が、学校教育や公的機関で使用されています。

上・「Komunak（コムナク）」（ムにアクセント）はトイレのこと。／右・標識はすべてスペイン語とバスク語を並べて表示してある。

バスク語であいさつしてみよう！

Egun on.
【エグノン】おはようございます。

Kaixo.
【カイショ】こんにちは。

Gabon.
【ガボン】こんばんは。

Eskerrik asko.
【エスケリカスコ】ありがとう。

Agur.
【アグール】さようなら。

バスクのイベントカレンダー

伝統的な祭りから現代的なイベントまで、
バスクの文化や今の姿にふれてみよう。

1月 La Tamborrada de San Sebastián
【サン・セバスティアン太鼓祭り】
1月20日の深夜0時から24時間続くサン・セバスティアンの祭り。**A**

2月 Carnaval 【カーニバル】
イースター前の宗教的行事。現代では仮装やパレードを楽しむ祭りに。

3月 Semana Santa 【イースター】
キリストの復活祭。月暦によって毎年日程が変わる。3月下旬〜4月。

7月 Las Fiestas de San Fermín 【サン・フェルミン祭】
「牛追い」が有名。パンプローナで7月6日から14日まで開催される。
http://www.sanfermin.com

Bilbao BBK Live 【ビルバオBBKライブ】
7月上旬、3日間にわたりビルバオで開催。ポップ・ロックの野外フェス。
https://www.bilbaobbklive.com

Festival de Jazz de San Sebastián
【サン・セバスティアン・ジャズ・フェスティバル】
7月下旬に6日間開催。市内各所のステージで、大半が無料で楽しめる。**B**
https://heinekenjazzaldia.eus

Fêtes de Bayonne 【バイヨンヌ祭】
7月末〜8月はじめに5日間開催。牛追いや民族舞踊などが行われる。**C**
https://www.fetes.bayonne.fr

8月 Semana Grande de San Sebastián
【サン・セバスティアンのセマナ・グランデ】
8月15日を含む土曜から翌土曜までの8日間開催。ビーチで花火大会も。**D**
https://astenagusia.donostiakultura.eus

Semana Grande de Bilbao 【ビルバオのセマナ・グランデ】
サン・セバスティアンの祭り最終日に開始。コンサートや花火大会などが楽しめる。

9月  Fiesta de Hondarribia 【オンダリビア祭】
9月7日から11日まで開催。8日はパレードが午前と午後にある。**E**

Festival de San Sebastián 【サン・セバスティアン国際映画祭】
9月下旬に9日間開催。国内外の映画が多数上映され各部門賞を競う。**F**
https://www.sansebastianfestival.com

10月  Feria Agrícola y Ganadera 【秋の収穫祭・畜産祭】
9月から11月の間にバスク内各地で開催され、農産物が販売される。

12月  La Navidad 【クリスマス】
バスクのクリスマスは12月21日の聖トマスの日をチストラソーセージとシドラで
祝い、24日の夜にはサンタクロースのかわりにオレンツェロが子どもたちにプレ
ゼントを運び、1月6日の公現祭で終了する。**G**

バスクにおいでよ

サン・セバスティアンのバルめぐりでピンチョス三昧
サラウスやゲタリアでチャコリワイナリー見学
オンダリビアで旧市街の散策
ビルバオで美術館と近代建築見物
サン・ジャン・ド・リュズで優雅にショッピング
海に山にお楽しみいろいろ。
バスク旅に役立つ情報を現地からお届けします。

サン・セバスティアン

オンダリビア

サン・ジャン・ド・リュズ

YouTube　https://www.youtube.com/@visitbasque

Instagram　https://www.instagram.com/visit.basque/

Facebook　https://www.facebook.com/visitbasque/

X（旧 Twitter）https://twitter.com/VisitBasque

おわりに

　ここまで読んでいただきありがとうございました。バスクと日本の距離は約1万kmありますが、この本がみなさまとバスクをつなぐきっかけになり、「ここに行けたら楽しいだろうな」「おいしいものが食べられるんだろうな」と見ているだけでもワクワクする本になればいいな、と思いながらつくりました。

　最新版をつくるにあたり、再び西はビルバオから東はバイヨンヌまであちこち訪ね歩きました。この数年間でなくなってしまったお店もあれば、新しくできたお店がとても素敵だったり、懐かしい人たちに再会したり、新しい出会いもあったりと私自身いろいろと楽しい体験ができました。それをみなさまと共有できればうれしく思います。

　今回紹介しきれなかった場所、お店やピンチョスはまだまだたくさんあります。この本を読んでバスクへいらっしゃる方は、バルが生活の一部になっている地元の人たちとともにおいしく楽しいひとときを過ごしたり、青い海を見ながら気持ちいい風に吹かれたり、街歩きをしながらご自身の「お気に入り」も発見して楽しんでください。

　再びこのような機会をくださった編集の鈴木さんとイカロス出版の方々、素敵なデザインにしてくださった長尾さんにお礼を申し上げます。そして、見守ってくれた日本の家族とバスクの家族、お世話になったみなさまに心から感謝いたします。

金栗里香

Muchas gracias.
Eskerrik asko.
Merci beaucoup.

素敵でおいしい
メルボルン＆
野生の島タスマニアへ 最新版
定価1,980円（税込）

南フランスの休日
プロヴァンスへ 最新版
定価1,980円（税込）

遊んで、食べて、
癒されて
タイ・プーケットへ
定価1,650円（税込）

レトロな街で食べ歩き！
古都台南へ＆
ちょっと高雄へ 最新版
定価1,760円（税込）

太陽と海とグルメの島
シチリアへ 最新版
定価1,870円（税込）

ダイナミックな自然と
レトロかわいい町
ハワイ島へ
定価1,980円（税込）

魅惑の絶景と美食旅
ナポリと
アマルフィ海岸周辺へ
定価1,760円（税込）

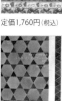
エキゾチックが素敵
トルコ・
イスタンブールへ 最新版
定価1,760円（税込）

絶景とファンタジーの島
アイルランドへ 最新版
定価1,870円（税込）

ストックホルムと
小さな街散歩
スウェーデンへ
定価1,870円（税込）

愛しのアンダルシアを
旅して
南スペインへ
定価1,870円（税込）

大自然と街を
遊び尽くす
ニュージーランドへ
定価1,760円（税込）

食と雑貨をめぐる旅
悠久の都ハノイへ 最新版
定価1,870円（税込）

ロシアに週末トリップ！
海辺の街
ウラジオストクへ
定価1,650円（税込）

かわいいに出会える旅
オランダへ 最新版
定価1,760円（税込）

心おどるバルセロナへ 最新版
定価1,760円（税込）

デザインあふれる森の国
フィンランドへ 最新版
定価1,870円（税込）

芸術とカフェの街
オーストリア・
ウィーンへ
定価1,760円（税込）

甘くて、苦くて、深い
素顔のローマへ 最新版
定価1,760円（税込）

アドリア海の
素敵な街めぐり
クロアチアへ
定価1,760円（税込）

BEER HAWAI'I
～極上クラフトビールの旅
ハワイの島々へ
定価1,760円（税込）

きらめきの国ギリシャへ
定価1,870円（税込）

太陽とエーゲ海に惹かれて
きらめきの国
ギリシャへ
定価1,650円（税込）

癒しのビーチと
古都散歩
ダナン＆ホイアンへ
定価1,650円（税込）

美食の古都散歩
フランス・リヨンへ
定価1,760円（税込）

※定価はすべて税込価格です。（2024年1月現在）

金栗里香
Rika Kanakuri

1989年渡西。2004年にブログ「チキ便り〜バスク地方のとある街より」(http://txiki.dreamlog.jp/) をはじめる。美食関係、映画祭などの文化イベント、視察、メディア取材などのアテンド通訳・翻訳業などを経て、現在は主にSNS「バスクにおいでよ」やYouTubeチャンネルで日常の生活のなかで見えるバスクの「今」を現地から発信中。バスク自治州イルン市在住。

文・写真／金栗里香

写真協力／金栗 歩
　　　　　畑山摩也

デザイン／長尾純子

マップ／ZOUKOUBOU

編集／鈴木利枝子

旅のヒント
BOOK

美食の街を訪ねて

スペイン&フランスバスク旅へ 最新版

2024年2月25日　初版発行

著者　　金栗里香 Copyright © 2024 Rika Kanakuri All rights reserved.

発行者　山手章弘

発行所　イカロス出版株式会社
　　　　〒101-0051
　　　　東京都千代田区神田神保町1-105

電話　　03-6837-4661(出版営業部)

メール　tabinohint@ikaros.co.jp(編集部)

印刷・製本所　図書印刷株式会社

旅のヒントBOOK
SNSをチェック！